明公啟示錄

解密 維摩詰經

的大乘佛法實踐道

—— 淨心佛土的緣起及世人修行頓悟之法

范明公　著

目錄 Contents

前言

《維摩詰經》的框架體系及概況

《維摩詰經》，全名為《維摩詰所說經》，以後秦鳩摩羅什所譯版本較為盛行，共三卷十四品。在進入經文前，先來了解其背景及經文架構。

依佛經的分類 3 大部分

《維摩詰經》是中華佛教史上一部著名的經典，對中國佛教史影響非常巨大。它一共有三卷，計十四品，字數為33,236個字。目前《維摩詰經》流傳有七個版本，其中流通最廣且影響力最大是中國姚秦時代，由三藏法師鳩摩羅什所翻譯的版本，也是這本書所依據講解的版本。

《維摩詰經》分三卷，按照佛經的分類，可分為三個部分：

第一部分「序分」：序分就像一個前提，即為什麼講這部經？主題是什麼？它主要講述法會的緣起。

第二部分「正宗分」：第二品到第十二品是正宗分，是《維摩詰經》的主幹部分。

第三部分「流通分」：第十三和十四品是流通分，即流通這部經典的功德所在，盛讚受持宏傳這部經典。

在學習經文前，先瞭解這十四品的大意，這是研讀經典的學習方法：第一步先對經典建立一個框架體系，清晰經文的脈絡後，再進一步分解成局部，深入學習經義。

先瞭解一至十二品的主要內容

《維摩詰經》第一品是佛國品，講述釋迦牟尼佛和弟子的相聚，緣起是由寶積長者子請佛與大眾講說諸菩薩淨土之行，以此揭開法會的序幕。這一品交代清楚了《維摩詰經》的來由：時間地點、由何人緣起、由何人發問、所問何事、何為主題等。

第二品是方便品，講述釋迦牟尼佛解答諸菩薩淨土之行時，是以維摩詰居士問疾為例，以此為大眾方便示教：事件的由來是以維摩詰居士幻化自己身體有病痛（這是一個方便法），國王、大臣、長者、居士們前去維摩詰的居所問候，維摩詰居士以此為機緣廣為說法。這裡需說明一點，維摩詰是真的生病了嗎？非也，他是因緣所需，幻化自己身體有病狀，趁大家來看他的時候方便說法而已。

《維摩詰經》的鳩摩羅什版本介紹

前文提到《維摩詰經》在中國流行有七個版本，其中影響最大的是我們現在要學的版本——姚秦鳩摩羅什的譯本。鳩摩羅什譯成中文為「童壽」，於西元344年出生，西元的413年去世，距離現在1700年左右，是一位非常傳奇的人物。他是歷史上最富盛名的譯經家，與玄奘、真諦、義淨等併列為中國佛教史上四大最有名的譯經家之一。

歷史上很多的重要的經典都是鳩摩羅什翻譯的，他把梵文的經典翻譯成中文，這非常重要。據史料記載，鳩摩羅什是西域龜茲國人，在現新疆庫車一帶，他的母親非常信奉佛法，他7歲時隨母親出家，最早是修習小乘佛法的，後來改修大乘佛法。

鳩摩羅什聲名遠播，五胡十六國的前秦苻堅曾經為了把他搶回來，專門派手下大將呂光攻打龜茲國，但是後面苻堅被殺，於是呂光割據了涼州自立為涼王，把羅什留在涼州16、7年。後來，後秦的姚興攻克了涼州，才把羅什給帶到了長安，並被姚興推舉為國師，住在逍遙園。那時起，鳩摩羅什開始廣招弟子，大規模的譯經、傳法，當時弟子眾多，號稱有三千弟子，其中道生、僧肇等中國著名的佛教思想家均為其弟子。

鳩摩羅什所譯經典眾多，其中對中觀學派的傳譯最為系統，也是最重要的一套經典。這一版本的《維摩詰經》，是他所譯經典中有名代表作之一。鳩摩羅什譯經的文學造詣相當高，不僅在數量上無人匹敵，且譯文義理圓通、文體順暢，極受當時及後世人推崇，在中土大地廣為流傳，可謂功高至偉。

第三品是弟子品，國王、大臣們、道長都去看望維摩詰，釋迦牟尼佛也派佛坐下的弟子（佛教的僧梵）去看維摩詰，派哪位去呢？釋迦牟尼佛祖想派聲聞乘的弟子（舍利弗、大目犍連，大伽葉）去探視維摩詰居士。但這些弟子們都不敢去，為什麼不敢去？這一品裡詳細講述了聲聞乘弟子們在修小乘境界和方法過程中，曾經遭遇維摩詰居士的呵斥，及如何被呵斥。所以這些弟子們覺得境界不及維摩詰，不敢去探視。

第四品是菩薩品，聲聞乘的弟子不敢去，佛祖又選哪位去呢？於是選大乘的菩薩，比如彌勒，光嚴童子等大乘菩薩，然而這等大乘菩薩也覺得自己道行、境界遠遠不及維摩詰居士，也不敢代表佛祖前去問疾。這一品詳細講述這幾位大菩薩具體哪些修行境界不如維摩詰。這裡所說的維摩詰問疾，僅僅是一個事件，借由這個事件引發了很多關於修行境界（包括修行方法的高低）的闡述。

第五品是文殊師利問疾品，前面聲聞乘弟子和大乘菩薩都不敢去，於是佛祖就命大乘菩薩中智慧的代表——文殊師利菩薩（即文殊師利法王子菩薩）前

去，並通過他帶領著眾聲聞及大乘菩薩去探視維摩詰，在維摩詰的住所，與維摩詰居士反復論法。這一品深入地闡明：何為空，何為菩薩行等的大乘經義，這是《維摩詰經》裡很重要的一品。

第六品是不可思議品，講述維摩詰居士通過示現神通來宣揚大乘佛法，他講述的大乘佛法既寬廣又注重細微，即「廣與窄」的相容，同時也是「久和暫」互攝（相互統攝或統領），也就說一個是在空間（廣／窄），一個是在時間（久／暫）的狀態下相通相融。真正的大乘佛法在空間的概念上，並無廣窄之分（即沒有大小的概念），它是相容的；在時間方面，沒有長久或者短暫的，它是互攝。因此維摩詰居士通過神通的顯示及展示，向大眾展示須彌納芥子（這裡講的就是大小，芥子與須彌是經義裡形容物質最小和最大的兩個單位）、七日含一劫（這是時間），像這樣不可思議的解脫法門。這裡講的並非維摩詰居士自己一個人修行到了這個境界，而是整個大乘佛教修行的經義，他展示的是在時間和空間上的不可思議，所以《維摩詰經》還有一個名字叫做「不可思議經」，第六品即不可思議品。

第七品是觀眾生品，講述維摩詰居士和文殊菩薩在論辯——應如何觀察眾生的現象。其中一段是天女和舍利弗來論辯男女的身相，是真假、存不存在、是空還是有？這裡告訴大眾，在修習大乘佛法的境界以及修行方法上，要注意「男女不定相，眾生如夢幻」這個理。這一段有針對性地破除小乘修行者對法的執著，這是第七品的主要目的。

　　第八品是佛道品，這一品圍繞維摩詰居士和文殊師利法王子菩薩對論的兩個主題展開：第一個主題是「云何通達佛道」，第二個主題是「何等為如來種」。即講述如何成佛？如何通達佛道？什麼才是成佛的正路？主要闡明兩個觀點：眾生身即是如來種，行於非道是為通達佛道（這是《維摩詰經》兩大畫龍點睛之觀點其中之一），就是入世即出世的大乘菩薩法門，這一點對中國佛教後續的發展，即漢唐以後佛教的發展有非常重大的影響，這是入世法門，意即入世即是出世。

　　第九品是入不二法門品，這一品維摩詰居士、文殊師利法王子菩薩和法自在等菩薩一起討論「何等是

菩薩入不二法門」。這個話題是由法自在菩薩們引起的，以消除「因我而有我所」所對待並非真入不二法門。這段經文還有延伸出一句名言——「文殊無言，淨名杜口」，流傳特別廣泛，只有達到這個境界才能切合釋迦靈山拈花，伽葉微笑之心傳。這一段講述不二法門的觀點，直接影響到後世諸多中華佛教流派的開創以及傳承。例如禪宗，入世即出世及不二法門的主要思想，都是受《維摩詰經》的影響。

第十品是香積佛品，這一品講述維摩詰居士運用神通的力量，派遣化身菩薩到眾香國取回香飯；同時給大家講述眾香國裡諸菩薩對娑婆世界由鄙視到讚嘆的轉變，通過這樣的神通功能顯化，告訴修大乘佛法之眾生，必須得有悲心和舍心（即與眾生同甘苦共患難的無限悲心及舍己利他的舍心）。

第十一品是菩薩行品，這一品講述香積佛國的諸菩薩來娑婆世界向釋迦牟尼佛祖問法，演繹出大菩薩們修盡和無盡兩種法門時的真諦是什麼？揭示的是對「盡」和「無盡」這兩個法門的修為認知，大乘菩薩應當「不住世間，不離世間」，還有「地獄不空，誓不

成佛」。那麼，什麼是不住世間又不離世間？什麼是「地獄不空，誓不成佛」？其實來自非常有名的大菩薩——地藏王菩薩，其理論觀點就是從《維摩詰經》裡而來。

第十二品是見阿閦佛品，講述維摩詰居士以如是觀身實相來回答佛的問題，主題是「何等觀如來」，以無沒生來回答舍利弗問，這裡「無沒生」是要告訴一切修行的大眾，一切諸法如同夢幻。透過佛告訴舍利弗說：維摩詰居士看似居士，其實他是從清淨之妙喜國來此娑婆世界的大菩薩。「大乘菩薩雖生不淨佛土，為化眾生，而不與愚暗而共合」，表示大乘菩薩們有時候也會化生到不淨的佛土，例如化生娑婆世界，他為什麼來？要知道清淨之妙喜國是非常清淨的，所以他雖然來到了娑婆世界，但是不受娑婆世界的汙染，一樣能保持清淨、純粹、純潔，保有妙喜國的主體而不改變。

以上第二到十二品，講述的是《維摩詰經》主要的觀點、話題及詳細的解答，這是整部經文的主體。

第十三及十四品講述如何流通經文做功德

第十三品是供養品，也就是進入流通分。這一品講述釋迦牟尼佛為天帝解說此經的功德。這裡講到最上法的供養，即「依義不依語，依智不依識；依了義經不依不了義經；依法不依人」，以此信解受持此經，能掌握以上幾點原則就是以最上法供養如來，即功德最大的供養。這是第十三品中最重要的，以此告訴眾人如何學習經典。

第十四品是囑累品，這一品講佛祖以佛法來囑咐彌勒菩薩，令其廣為流通、傳播，藉由釋迦牟尼佛祖的口來點出此經的經名，這是最後一品。

以上是《維摩詰經》的整體框架。

《維摩詰經》的重要性及闡述的觀點

事實上，如前所提及《維摩詰經》的重要性，主要在以下二點：

第一：《維摩詰經》裡面的論點和主題是眾人修行大乘佛法的方法及修行境界的最佳指導，是修行大

乘佛法和小乘佛法的區別。

　　第二：如何修行大乘的佛法才能走上一條成佛大道。

　　這些在《維摩詰經》裡講得非常透澈。

　　從思想、義理這個方面來講，整部《維摩詰經》有兩個最重要的觀點：第一個是「菩薩欲得淨土，當淨其心，隨其心淨，則佛土淨」；第二個是「菩薩行於非道，是為通達佛道」，這是畫龍點睛之筆。

　　第一個觀點即唯心淨土，是大乘佛教的基本思想，唯心淨土在不少的經典中都有涉及，但只有《維摩詰經》裡講述最直截了當，最生動透澈，它對中國的佛教——天台、華嚴、禪宗這幾個宗派的影響非常巨大。

　　第二個觀點即世間及出世間不二，不能把世間和出世間對立起來，它是不二的，即沒有差別，這裡主張是出世就是入世，這是《維摩詰經》最重要的思想特點。

　　維摩詰居士，本身就是一個為化度眾生而出入世間的人，更甚者是他常在世間諸淫舍酒肆出入（淫舍即紅燈區、夜總會、妓院），天天聲色犬馬，天天喝酒吃肉，但他同時又能保持一塵不染的大悲菩薩。

他為什麼要化身成這樣？給我們的感覺好像完全違反佛理、佛戒、佛律，其實他是用這種方式來告誡修行的眾生應該做到「隨所化生而取佛土」（這是經典文字），即心中不要有分別，再怎麼低劣的行業也是可以去修行——只要有眾生的地方，就有我大乘菩薩在，我用我的方法去救度他們，度化他們，這是一種出淤泥而不染，入世俗而度化眾生的精神。這樣出世又入世的精神對中國的佛教產生了極其深刻的影響，把從前被供奉起來的佛教，且高高在上的地位給拉下來，拉回到眾生的尋常日用間，使佛教更加落地執行，也才能深植於本土，更廣傳留故。

《維摩詰經》對中國佛教發展的影響

從《維摩詰經》整體上看，經義中的不二法門思想，對中國後期佛教的發展影響巨大，尤其是禪宗。不二法門的意思是不局限於外相、外在的形式，而注重以心印心，不立文字，這是佛法精髓的傳承。打破文字相，即是前文所說的「文殊無言，淨名杜口」，這是禪宗傳播的重要理論依據。

《維摩詰經》的影響不僅僅在宗教意義上，同時對中國文學發展、戲曲發展有著極其重大的影響：

它濃厚的文學色彩，在文學、語言、文章結構堪稱一代佳作，從隋唐一直到明清，《維摩詰經》裡面的題材、故事（包括裡面的一些哲學思想），變成了文學體、詞賦戲曲。這是《維摩詰經》的一個特點。歷史上所有志文學史的人，無一不通達《維摩詰經》。歷史上很多詩人、畫家、文人墨士極力推崇《維摩詰經》。《維摩詰經》在文學上的造就堪稱妙筆生花。

　　以上，是整部《維摩詰經》的框架體系及概況，下面我們將正式開講經義。

第一章

第一品佛國品

《維摩詰經》的第一品是佛國品，講述釋迦牟尼佛和弟
子的相聚，緣起是由寶積長者子請佛與大眾講說諸菩薩
淨土之行，以此揭開法會的序幕。這一品交代清楚了《維
摩詰經》的來由：時間地點、由何人緣起、由何人發問、
所問何事、何為主題等。

第一節　講述法會的緣起

「如是我聞，一時。佛在毗耶離庵羅樹園，與大比丘眾、八千人俱、菩薩三萬二千。眾所知識，大智本行，皆悉成就，諸佛威神之所建立。為護法城，受持正法。能師子吼，名聞十方。眾人不請而安之。紹隆三寶能使不絕，降伏魔怨制諸外道，悉已清淨永離蓋纏，心常安住無礙解脫。念定總持辯才不斷。布施持戒忍辱精進禪定智慧，及方便力無不具足。逮無所得，不起法忍。已能隨順，轉不退輪。善解法相，知眾生根。蓋諸大眾，得無所畏。功德智慧，以修其心。相好嚴身，色像第一，舍諸世間，所有飾好，名稱高遠，逾於須彌。深信堅固，猶若金剛。法寶普照，而雨甘露，於眾言音，微妙第一，深入緣起，斷諸邪見。有無二邊，無複余習。演法無畏，猶師子吼；其所講說，乃如雷震，無有量，已過量，集眾法寶，如海導師。了達諸法深妙之義，善知眾生往來所趣，及心所行，近無等等佛自在慧。十力、無畏、十八不共。關閉一切諸惡趣門，而生五道以現其身，為大醫王。善療眾病，應病與藥，令得服行；無量功德皆成就，無

量佛土皆嚴淨。其見聞者，無不蒙益，諸有所作，亦不唐捐。如是一切功德，皆悉具足。」

【如是我聞，一時】這是所有的經典開經的統一格式。現在傳世的佛陀經書從何而來？是在釋迦牟尼佛滅度（指涅槃）後的第一個結夏安居 (註) ，在七葉窟舉行第一次集結時，有五百阿羅漢參加，由阿難（佛陀的十大弟子之一）背誦，大迦葉（亦為佛陀十弟大子之一）記錄整理而成的經義。當時五百阿羅漢就形成了共識，即所有的佛陀講過的經典經由阿難背誦後，在整理記錄經文的第一句加上「如是」二字。「如是」即「如來是這樣說的」，而非後世的五百阿羅漢或者阿難講的。佛經記錄的都是釋迦牟尼佛祖當時召開各大法會時親口所說，「我」是阿難，「聞」我是這樣聽到的。這句「如是我聞一時」也是當時釋迦牟尼佛祖留下來的。

有一部經典《龍勝論》裡記載：世尊將要辭世時，阿難在身邊，問世尊：「如來在世親自說法，

*註：佛教術語，也稱雨安居、夏安居、坐夏，指印度在雨季的三個月期間，出家人集結在一起修行的制度。

人皆信受，如來滅後，一切經首當立何言？」世尊答：「當置『如是我聞一時』六字。」

所以「如是我聞」表明：「如來說的，是我聽聞的」。

「一時」即一日，表示佛陀講法的時間。所有佛經都用一時，是因為經文中沒有記錄年、月、日、時的時間概念。為什麼？因為佛法中講的時間都是循環往復的——過去、現在及未來，皆在一點上，即不用世間法來記年、月、日、時，因為它不是低次元的現實世界（用連續不斷的時間來記錄的），而是用高次元的空間時間體系，這就叫做「一時」。

一時在這裡含義很多，也表示一直在，沒有消逝，只要緣分到了，我們還能入此法會，聽佛祖在這裡講法。

後面的佛經裡加入「如是我聞一時」六個字後，還要註明佛是在哪裡講法？對誰講述經典？這些是佛經裡的固有模式。

【佛在毗耶離庵羅樹園，與大比丘眾、八千人俱、菩薩三萬二千】在「毗耶離」（地名，梵語），稱為「

廣嚴城」，在佛教的經典裡地名譯音各不一樣，也有譯成「毗舍離」，現居於印度幹達克河以東，現址音譯叫做「吉薩羅」。在城裡的庵羅樹園，有一個佛陀信徒名叫「庵羅樹女」，她把自己的莊園奉獻給佛陀作為道場。佛祖經常在這裡講經說法，參加此次法會有大比丘眾八千人，菩薩三萬二千人，這裡的大比丘眾（梵語，譯為乞士、破煩惱、淨持戒、怖魔等，又稱「比丘四義」，其中乞士指乞求的人）。比丘，中文譯為出家修行的男子；菩薩（梵語，全稱「菩提薩埵」，譯為覺有情）是指以修成佛果為最終目標的修大乘的眾人。在印度語裡沒有數字的概念，這裡八千人和三萬二千人眾，是指數量很多（在印度八萬四千劫、八萬四千種病、八萬四千法門，譯為「很多」的意思）。

【眾所知識，大智本行，皆悉成就，諸佛威神之所建立】經典中的「知識」代表朋友之間的暱稱，不是現在理解的知識學問。「眾所知識」在這裡譯為參與法會的諸菩薩，都是道行高遠，且廣為大眾所熟知的，即到會的菩薩和大比丘都不是凡人，不但通曉世間大眾的各種知識，還有高超的智慧和高尚的

品德。

　　至於「大智本行」從另外角度該如何理解？從佛法的角度，大智分為三種：

　　第一種「一切智」是指了悟諸法皆空的智慧，也就是知道宇宙萬有萬物的本體是為萬法，而萬法皆是空。

　　第二種「道種智」是指修為已達到於知空之上更知不空，即能知空和知不空之智，也就是知道對於宇宙一切萬物怎樣形成的？規律是什麼？進而知道一切萬法的現象森羅萬象，在空與不空之間。

　　第三種「一切種智」是指了悟諸法既空又假，非空非假，是空和假的統一，把前兩者一切智以及道種智昇華、融合、統一後的境界，也稱「佛智」；一切智和道種智叫做「二乘智慧」，屬於菩薩的智慧。

　　這裡的「大智」主要指道種智，沒有達到完全究竟，所以叫「大智本行」；一切種智也稱佛的究竟智，只有釋迦牟尼佛祖是一切種智。

　　「本行」是指根本的行為，什麼是大乘菩薩們的根本行為呢？即引度眾生而成佛，這是所有大乘菩薩最根本的終極目標。要實現這個目標必須以「六度

和四攝」為本：六度是布施、持戒、忍辱、精進、禪定、般若；四攝是布施攝、愛語攝，利行攝、同事攝，這是得到大智慧最根本的行為標準。而佛法裡所謂的「攝」是指引導、攝受的意思。

【大智本行，皆悉成就，諸佛威神之所建立】即大乘菩薩擁有高超的智慧，高尚的德行，平時修行是以六度、四攝為根本方法，能達到大智（從道種智到一切種智的境界目標），因此他們具足（註）了諸佛如來加倍給他們的威力和神通。

【為護法城，受持正法】大乘菩薩依仗著諸佛加持給他們的威力神通為護衛法城，受持正法而努力修行，這是大乘菩薩修行的結果。

【能師子吼，名聞十方】這裡的「師子」應是指獅子，取同音。所以大比丘和大菩薩們不僅能承續佛法之慧命，而且能像雄獅大吼，聲震四方，即他們在

＊具足：在佛法當中，此名相，多用於形容諸佛的圓滿無缺；在戒律中，具足則指完善的戒律。

修行與傳法過程中像獅子一樣無畏，宣講正法時的語言、聲音就像獅子吼一樣威震邪魔外道，又有大慈大悲之心，四處主動弘揚佛陀的教化，在弘揚教化的過程中排除一切障礙，克服一切險阻，震懾諸外道，降服眾魔障，使佛法世代相傳，不使斷絕。

【眾人不請而安之】這裡描述了大比丘、大菩薩們都已經遠離了煩惱惑障，心常清淨毫無垢染。由於他們不斷修行，做到安住於自由自在無礙的境界，同時以其正念、正定使諸惡不生，諸善增長，使其時時呈現出本真的狀態，沒有世俗之間的虛偽、客套、奉承，各自就位，各自安心。這裡簡明的七個字，就把大菩薩們的心態及修行境界呈現出來了。

【紹隆三寶能使不絕，降伏魔怨制諸外道，悉已清淨永離蓋纏，心常安住無礙解脫】三寶是什麼？佛法三寶稱為「佛、法、僧」；魔是什麼？即魔鬼，是能以身心煩惱乃至生死諸苦，奪人慧命的稱作「魔鬼」，和我們世俗所理解的魔不同。這裡經義指的是心魔，它能損人的慧命，能使人身心煩惱，把人帶入物欲橫

流使其墮落，因而產生生死諸苦。

外道是什麼？外道簡單說是如佛法是正法，則佛法以外稱為「邪法」，即理法不究竟，修行的結果不圓滿。佛法在印度產生，當時佛教初創，印度的婆羅門教就是最大的外道，此外還有著名的外道六師，即六大外道。

【悉已清淨永離蓋纏】蓋纏是什麼意思？蓋有五蓋，纏有十纏，佛經裡面對「蓋纏」有詳細的解釋，蓋也稱「蓋覆義」。

五蓋，即阻礙我們解脫昇華而蓋在頭上的五座大山／五片黑雲，我們要把它搬走才能見到陽光，才能昇華圓滿。

第一種是貪欲蓋，能障出離（出離，即對欲樂的棄絕，不為塵垢所染），是因為貪欲重者想要世間的名聞利養和榮華富貴，不想出離，所以它能障礙出離。

第二種是瞋恚蓋，能障礙慈悲心，使人恨心、怨心不滅，火燒功德林。

第三種是掉舉蓋，障礙禪定，讓心淨不下來，安不下來。佛法裡的掉舉，是指心意上下飄蕩，不專

心。

　　第四種是昏沉蓋，障礙智慧，是因為昏沉蓋重者像被黑雲團團圍住，見不到光明亦即沒有智慧，處於迷失中。

　　第五種是疑蓋，能障正信。佛法是建立在信的基礎上，不信就沒有精進，無精進即無正念，即得不到正慧，所謂「信乃功德之母」，我們要想學習佛法，首先要做到信無疑。

　　所以，想要修習佛法，大乘菩薩要想達到佛果，度化眾生共入佛道，最大的障礙就是五蓋。

　　十纏，即十種妄想誘惑能纏縛眾生，使其無法出離生死苦海。其中包括無慚、無悔、嫉妒、吝嗇、無愧、睡眠、掉舉、昏沉、嗔忿、覆（指覆藏自己之罪過）。十纏能破「戒定慧」，無慚、無悔、無愧能障戒；掉舉、惡作能障定；昏沉、睡眠能障慧；嫉妒、吝嗇能障自利利他。

　　這「五蓋十纏」惡法能障止觀，閉塞定慧，稱作「蓋纏」。

　　這裡闡述了來聽佛祖講法的大比丘眾及三萬二千菩薩，他們平時修行努力精進達到了心常安住，無礙解脫的狀態，以其正念正定使諸惡不生，永遠能遠

離五蓋十纏。「佛、法、僧」三寶能流傳千秋萬載，永不斷絕，即能降伏諸魔（五魔即蘊魔、病魔、煩惱魔、死魔、天魔），永斷煩惱，得大自在。

【念定總持辯才不斷】什麼是念定總持？念定即正念正定，持是持善不失、持惡不升。即經常持正念正定者修行的是正道，真正做到這一點就能辯才不斷。

什麼是辯才不斷？跟誰辯？這裡指在傳播佛法的過程中，因能經常持正念正定，使諸惡不生、諸善增長，智慧時時現前，心得清淨遠離煩惱，得到大智慧的境界，這種自然流露的大智慧境界在外呈現即是辯才無礙。

【布施持戒忍辱精進禪定智慧，及方便力無不具足】這裡六度和方便力，六度即布施、持戒、忍辱、精進、禪定、智慧（即般若）；方便力即方便智，是指用巧妙的方法手段來攝化眾生。智慧六度配合著以方便力隨機攝化眾生的手段以及本領，這些大菩薩們無一不具足。

【逮無所得，不起法忍】什麼是「法忍」？即「無生法忍」的簡稱，是了悟諸法及不生不滅的智慧。

【已能隨順，轉不退輪】輪即佛法所指的法輪。菩薩證得佛法的真諦永不退失，並以此真諦輾轉開示一切眾生，為之轉不退輪。比喻佛法法輪像大車輪一樣，一旦推動起來，就會循環往復，永不退後或消失，它不會往回走，只會一直前行。

大菩薩們得無生法忍，即已經達到「得而無所得」，已能隨順轉佛之大法輪，且永不退轉。

【善解法相，知眾生根】什麼是善解法相？修行大乘佛法的眾生要善於瞭解諸法之「一性殊相」。什麼是一性殊相？它的本質是空，但是表面上又各有差別，這就叫做「善解法相」。知眾生根，即只有真正的了悟諸法本空、諸法無相，才能真正知道各類眾生的根基悟性。

因此眾生若要了悟佛法，學習佛法的真諦，就要不斷地修行。

【蓋諸大眾，得無所畏】什麼是無所畏？即無所畏怖之意，沒什麼可怕的。無畏分為佛無畏和菩薩無畏。

菩薩無畏分四種，菩薩四無畏：

第一種是總持無畏，即前文的念定總持；

第二種是決疑無畏，即前文的善解法相；

第三種是知無畏，即知眾生根；

第四種是答報無畏，即指為了報答佛土三寶和眾生恩而勇猛精進，說法無畏。隨機說法，救度無量眾生，就能得到總持學習、知根答報等菩薩的四無畏。

【功德智慧，以修其心】能堅持上述修行的大乘菩薩們，就能以各種功德智慧修其身心。

【相好嚴身，色像第一，舍諸世間，所有飾好，名稱高遠，逾於須彌】意即大比丘們修四無畏，以各種功德智慧修其身，雖無世俗的裝飾，但是個個相好莊嚴，他們的功德智慧聞名遐邇，響徹宇宙，就像須彌山一樣高大廣闊。

這裡須彌指須彌山，音譯為妙高山、妙光山

等，本來是印度神話裡的山名，後被佛教沿用，可理解為是一個小世界中最高的山，以須彌山為中心，周圍環繞八山八水，就形成了一個小世界。一千個小世界叫小千世界，三千個小千世界形成一個中千世界，三千個中千世界形成一個大千世界，三千個大千世界構成一個佛國，這種廣大難以想像。

【深信堅固，猶若金剛】金剛是什麼？世界上最堅硬的是金剛石，藉此比喻菩薩對佛法的深信堅定，不可破滅，像金剛護法一樣。

【法寶普照，而雨甘露，於眾言音，微妙第一，深入緣起，斷諸邪見】這裡繼續講述智慧通達的狀態。講述的是這些大比丘、大菩薩弘揚佛法普惠天下，說法的音聲清純高遠而微妙，猶如天降甘露。每個天下之眾生聽到微妙的佛法，像得到甘露一樣滋潤其心田，繼而得法、固法，開慧之後的狀態是「斷諸邪見」，不偏執、不執著、無妄想，遠離所謂的五大邪見得正知見。這一句意即由於佛法廣度，潤澤眾生之心田，使眾生能夠登上修行佛法之正途。

【有無二邊，無複余習】斷除世世代代由於妄想、執著、邪見而導致的習性，永不落入有無二邊（有無二邊即是極端）。

【演法無畏，猶師子吼；其所講說，乃如雷震，無有量，已過量，集眾法寶，如海導師】這裡講述眾生聽聞佛法後，講法者猶如獅子吼、雷霆霹靂，不受時空的限制，能遍布一切的法界。就像大海當中的舵手一樣，能夠引領眾生由此岸到達彼岸，因此稱之為如海導師。

【了達諸法深妙之義，善知眾生往來所趣，及心所行，近無等等佛自在慧】意即大菩薩們了達佛法八萬四千法門，法法皆通，深知其妙理，領悟其理趣，更能熟知瞭解眾生三世之業報境遇，接近佛的一切種智（自在慧是佛的一切種智）。

【十力、無畏、十八不共】十力是指佛的十種非凡的智力，也稱十種非凡超常的智力。佛有哪十種超常的智力？

第一種是知處非處智力，即知道事物的理與非理

的智力。

第二種是知三世業報智力，即知道一切眾生三世因緣業報，這也是佛的十種大神通之一。

第三種是知諸禪解脫三昧智力，即知道所有的禪定、八解脫、三昧智力。

第四種是知眾生上下根智力，即宇宙之有情之眾生有下根、中根、上根、上上根，佛知道所有的眾生的根性。這裡根性是指一個人的妄想執著，對自性光明造成的障礙程度。妄想執著少的人，則根性高，所以佛法的一句話或一動作，即了悟成道，是為上上根之人。反之，下根之人，則為妄想執著重，難對佛法生信的人。

第五種是知種種解智力，即知道種種（各類眾生）對事物的知解認識之智力，佛一眼能分辨出來他們各自認知的深度。

第六種是知種種界智力，即佛知道各類眾生境界各有不同，佛知道如何因材施教，不同的眾生應該用不同的方法教化。

第七種是知一切至處道智力，即知道一切眾生善惡之舉，及其所趣向之力，佛知道一切眾生的善惡取向。

第八種是知天眼無礙智力，即佛有佛眼，他能徹知各類眾生生老病死以及善惡業報，佛眼無礙能看到其本質。

第九種是知宿命無漏智力，即佛知道眾生的宿命，如眾生命運循環往復，生生世世在業海當中沉浮，何時扭轉乃至何時能正得無漏涅槃，又何時能開始修行，何時能遇佛點化授記，何時能修成佛。

第十種是知永斷習氣智力，即佛知道永遠斷除煩惱業障，不再進入生死輪迴的智力，這種智慧也是一種力，佛知道用何種方法永斷煩惱業障、超出三界外不在五行中，不受三界物理規則的影響，這是大自在、大解脫的智慧。

以上是佛具備的超凡十力。

佛有四無畏：

第一種是一切智無所畏，即佛知道諸法的實相，佛一眼能看到本質，不被邪見所惑，恒在正見中。

第二種是一切漏盡無所畏，即佛能斷盡一切煩惱，不再產生新的煩惱。

第三種是說障道無所畏，即佛對闡述、障礙修行之種種外道邪法無所畏怖。

　　第四種是說盡苦道無畏，即佛無所畏懼，宣說離苦得樂之道，讓眾生能認識到八苦而產生出離心，佛為了度化眾生而起大慈悲心，沒有任何能障礙他。

　　十八不共，指佛的狀態，即佛不同於二乘及其他聖者的特殊功德。聖人和偉人跟佛是有差距的，他們永遠都趕不上佛，佛有其特殊不同之處，具體是哪方面呢？第一是身無失；第二是口無失；第三是念無失；第四是無異想；第五是無不定心；第六是無不知已舍心；第七是欲無減，欲望沒有減少；第八是精進無減；第九是念無減；第十是慧無減；第十一是解脫無減，沒有一點減少，解脫無減皆圓滿；第十二是解脫知見無減；第十三是一切身業隨智慧行，不受業報；第十四是一切口業隨智慧行；第十五一切意業隨智慧行；第十六智慧知過去世無礙無障；第十七智慧知未來世無礙無障；第十八是智慧知現在世無礙無障。

　　以上是佛的十八不共，對於初學大乘佛法的眾生只需瞭解即可，那是佛的真正境界，佛的與眾不同。

　　【關閉一切諸惡趣門，而生五道以現其身，為大醫王】惡趣即惡道。為什麼會生在惡道？即由惡業所感

而應去向之處所。佛教裡有三惡趣、五惡趣、六惡趣之說，三個惡趣是什麼？即地獄、惡鬼、畜生，再加上「人、天、阿修羅」即是六惡趣；五惡趣，即指地獄、惡鬼、畜生、人、天，比六惡趣少一個阿修羅。大比丘眾及大乘菩薩們不斷地研修佛法，包括接近佛自在慧、十力、無畏、十八不共，即向佛學習無漏智慧和接近佛道，同時他們生生世世不斷修習、精進、堅信，能關閉一切諸惡趣門，化生為大醫王是來療癒眾生的，他們並非因為業力牽引而生在五道中。

【善療眾病，應病與藥，令得服行；無量功德皆成就，無量佛土皆嚴淨】意即大比丘和大菩薩們化生五道，他們就像人間的良醫一樣對症下藥，療治眾生的種種疾病。大比丘和大菩薩們因具足上述無量功德，一切國土都會因為他們度化眾生不斷進化而變得莊嚴清淨。

【其見聞者，無不蒙益，諸有所作，亦不唐捐。如是一切功德，皆悉具足】即凡是能聽聞大比丘大乘菩薩們說法教化，並且能信受奉行的都會受益巨大。因為他們指示的都是佛法之正道，哪怕因大菩薩們所教化

的一個想法觀念而改變，我們都會因此得到相應的善報而遠離煩惱痛苦。以上所述功德、善行和智慧，大菩薩們皆具備。

　　此段經義，佛祖用大篇幅語言來描述大乘菩薩和大比丘們在修行大乘佛法的路上，不但堅信、精進、修正念、正定，且度化眾生一同成佛共生淨土。他們不斷地修行積功累德，皆悉具足，不僅能改變自己，還能改變外界環境，整個宇宙都因他們的教化而受益，從而趨向於更加清淨和智慧，能度化眾生脫離三惡趣、六惡趣。他們成為世間的大醫王，能療癒各種煩惱，解脫各種痛苦，以此度化眾生，讓眾生能夠昇華，能夠圓滿，皆能成佛。

第二節　眾生參與佛陀說法盛況

「其名曰等觀菩薩。不等觀菩薩。等不等觀菩薩。定自在王菩薩。法自在王菩薩。法相菩薩。光相菩薩。光嚴菩薩。大嚴菩薩。寶積菩薩。辯積菩薩。寶手菩薩。寶印手菩薩。常舉手菩薩。常下手菩薩。常慘菩薩。喜根菩薩。喜王菩薩。辯音菩薩。虛空藏菩薩。執寶炬菩薩。寶勇菩薩。寶見菩薩。帝網菩薩。明網菩薩。無緣觀菩薩。慧積菩薩。寶勝菩薩。天王菩薩。壞魔菩薩。電德菩薩。自在王菩薩。功德相嚴菩薩。師子吼菩薩。雷音菩薩。山相擊音菩薩。香象菩薩。白香象菩薩。常精進菩薩。不休息菩薩。妙生菩薩。華嚴菩薩。觀世音菩薩。得大勢菩薩。梵網菩薩。寶杖菩薩。無勝菩薩。嚴土菩薩。金髻菩薩。珠髻菩薩。彌勒菩薩。文殊師利法王子菩薩。如是等三萬二千人。

複有萬梵天王屍棄等。從餘四天下來詣佛所，而為聽法。複有萬二千天帝，亦從餘四天下，來在會坐。並余大威力諸天、龍、神、夜叉、乾闥婆、阿修羅、迦樓羅、緊那羅、摩睺羅伽等，悉來會坐。諸比丘、比丘尼、優婆塞、優婆夷，俱來會

坐。彼時，佛與無量百千之眾，恭敬圍繞，而為說法。譬如須彌山王顯於大海，安處眾寶師子之座，蔽於一切諸來大眾。」

下面介紹參加法會的大乘菩薩名號，每一位菩薩的名號代表修行的方法、成就及功德。通過對菩薩的名號的瞭解，我們能學到其中的妙用。

這裡所說的菩薩不是一尊，是指一類專修此法門的菩薩。常說佛法有八萬四千種法門，最後皆通達無餘涅槃之佛境。參加法會的菩薩們是各個法門修行的代表，他不只是一個菩薩，也可見此次法會的重要性。

【等觀菩薩】是指修觀一切眾生平等的菩薩。

【不等觀菩薩】是指修不等觀的菩薩，即專門修如何用智慧來分別（觀照）。

【等不等觀菩薩】是修兩種功德（等觀和不等觀）兼有的菩薩，即他既修等觀又修不等觀，他既觀一切眾生平等，又觀以智慧來分別，就是平等中有分別，

分別中有平等（即萬事萬物皆有分別之象，但本質是平等的）。

【定自在王菩薩】是專修在諸定中得自在的菩薩，以定得慧。

【法自在王菩薩】是專修在說諸法中得自在的菩薩，即他專修講經說法，針對不同的眾生講經說法。

【法相菩薩】是修以功德法相現身的菩薩，他專修外貌外形，以相顯心。因有被外貌顏值所吸引的眾生，他們看到顏值高的菩薩會心生歡喜嚮往，於是這類菩薩專修功德法相現身世人面前，以此接引眾生。

【光相菩薩】是專修身現光明形象來接引眾生的菩薩。

【光嚴菩薩】是專修光明莊嚴，以此修行並接引眾生的菩薩。

【大嚴菩薩】是專修莊嚴身相的菩薩，即他也是修身相，修的是莊嚴相。

【大寶積菩薩】是專修以智慧為寶的菩薩。

【辯積菩薩】是專修積聚四辯才的菩薩。辯才無礙也是智慧的一種，這類菩薩往生累世修行四辯才而修成。

【寶手菩薩】是專修手中能出無量珍寶的菩薩，這類菩薩一伸手就有無量的珍寶，以此來作為一種修行。即他把自己的功德都化成了無盡的珠寶以此來接引愛財者眾生。我們說修行人的一大障礙是窮困潦倒，寶手菩薩專修財富以此滿足修行者在現實當中的困頓。

【寶印手菩薩】是專修手中能出寶印(註)的菩薩，以此來接引對權力欲望特別大的眾生。

＊註：寶印代表權力，世間眾生想要有權貴和權勢，就需要寶印。

　　這裡可能有人會疑惑：佛講清淨，但這些菩薩既滿足人對財寶珍寶的欲望，又要滿足人對權利的欲望，這不是讓人更墮落了嗎？其實，佛法特別講究因材施教，使用方便法門，即「以欲勾牽令入佛智」：先滿足（有欲望的）眾生現實中的缺失，以此吸引眾生的目光，等滿足後再教他昇華，走向修行究竟的圓滿之道，即走入佛道。例如釣魚，我們得有誘餌吧？所以財寶和權力是接引世間人的兩大誘餌。很多人一開始是為世間「五福俱全」而來，為發財、為當官、為情感幸福、為健康長壽、為子孫繁衍而走求佛問道之路，等眾生五福俱全，再一步一步地把他引向清淨。

　　這是佛法接引眾生的方便法門。

　　【常舉手菩薩】是專修以大悲之手撫慰眾生的菩薩。這類菩薩當眾生心生恐懼時，常舉手安慰之，令其心生溫暖。例如有時候孩子特別害怕或傷心時，父母長輩會伸手摸孩子的頭，安慰道：有爸爸媽媽在，我會保護你的。這類菩薩修得最好的是「千手千眼觀世音菩薩」，他有一千隻手（稱為大悲手）有各種功

能，其中最重要的是撫慰眾生，安撫眾生，給眾生以溫暖和依靠，驅除眾生心中的恐懼和煩惱。

【常下手菩薩】是專修慈悲心的菩薩，時常把手垂在兩邊。前面常舉手菩薩舉起手來是安慰，但也有一舉手引起別人恐懼（誤以為要攻擊他），所以常下手菩薩為免引起別人恐懼和防禦，經常把手垂在兩邊，它代表了一種慈心屈下，不去攻擊任何人，無傷物畜。

【常慘菩薩】是專修悲念眾生的菩薩，即當眾生處在悲哀煩惱痛苦的狀態中，這類菩薩常起悲念之心，感同身受。西方心理學有一個叫「同理心」，講得就是這個修行，即感受眾生之苦，和眾生同在。

【喜根菩薩】是專修於實相法中生喜及隨喜的菩薩，是在實相法中修成的一類菩薩。

【喜王菩薩】是專修清淨歡喜法門的菩薩，修如何讓自己在清淨中得到巨大的愉悅及歡喜。

【辯音菩薩】是專修善於辨別言辭音聲的菩薩，他善於傾聽辨別各種聲音：言語的，表於外或顯現於表象的言聲，耳朵能聽見的或聽不見的（聽而不聞的聲音）。

【虛空藏菩薩】是專修實相慧藏，心如虛空的菩薩。

【執寶炬菩薩】是專修以智慧為寶炬（蠟燭的美稱）的菩薩。最寶貴的火炬、火把是智慧寶炬，當眾生心裡有黑暗時，這類菩薩就會手持智慧寶炬出現在我們身邊，以此來照亮眾生前行的路。

【寶勇菩薩】是專修以德為寶的菩薩，這類菩薩勇於以德為珍寶修行。

【寶見菩薩】是專修以智慧為寶的菩薩，他修行如何樹立正知正見，破除邪知邪見。

【帝網菩薩】是專修以大士神變自在的菩薩。帝網即稱「幻術」，這類菩薩專修用幻術呈現出諸多幻

象，以此修行接引眾生走入佛道。

【明網菩薩】是專修讓眾生看到他的手中有能放光的網（即縵網）(註)，以此來修行接引眾生走入佛道的菩薩。有的眾生看見他手上有這個網（這也是術的一種），心生嚮往，就跟著這類菩薩修行。

【無緣觀菩薩】是專修以觀照得定的菩薩。這類菩薩在有觀照及正定時，能夠做到不取相、無攀緣。

【慧積菩薩】是專修積聚智慧的菩薩，與前面略有重合。

【寶勝菩薩】是專修以功德為寶的菩薩。他超越世間一切的修行人（不管是正道的佛道的還是外道的），專修功德，以功德為寶修行。

【天王菩薩】這類菩薩修行到了色界以及無色界

*註：梵語，也稱網縵，指佛之手足於各指間有網縵，類似雁王之蹼，其色金黃。

諸天的境界，號稱「天王」。

【壞魔菩薩】是專修斬妖除魔，破壞魔道的菩薩。這類菩薩屬於勇猛精進，以力量來展現的菩薩，以各種神佛身邊的大護法為主。

【電德菩薩】是專修能放電光，能發大霹靂的菩薩。

【自在王菩薩】是專修以各種方法來修大自在，得大解脫的菩薩。這類菩薩修如何解脫不受束縛，又能合於正道的法門。

【功德相嚴菩薩】是專修以功德之相莊嚴其身的菩薩。雖與前面修功德莊嚴略有重合，但是細分又有微妙的差別，相似而不相同。

【獅子吼菩薩】是專修以大法音演說佛法，聲如獅子吼，震懾外道的菩薩。這類菩薩演說佛法正道如獅子怒吼，震懾外道，以巨大的音聲而使人從迷霧中驚醒。

【雷音菩薩】是專修以雷音傳法的菩薩。這類菩薩演說正法能令天人歡喜，群邪恐懼，猶若驚雷。例如如何辨別春天到了？第一是春雷滾滾，這時我們知道春天要來了。雷音菩薩所持雷音（不是恐懼的大霹靂）如同春雷一樣，大家聽到後知道正法要開始傳世，這時人天歡喜，群魔驚懼（即邪門外道知道自己的運勢要終結）。

【山相擊音菩薩】是專修以山相撞擊般的大法音傳法的菩薩。這類菩薩發出的大法音能消伏剛強，音聲震擊如兩座大山相互搏擊，巨大轟鳴聲猶如大霹靂震撼人心。

【香象菩薩】是專修像香象般柔和香風的菩薩。大象代表無畏，大象沒有天敵，是動物當中體型最大的，其中香象沒有攻擊力，但誰也攻擊不了他，他也不傷害別人，既有力量又有依靠，同時他很柔和，香象菩薩就像香象一樣。象也分多種，有野象、暴怒的象等，它們不是香象。

【白香象菩薩】與上面香象菩薩類同。白香像是最香最柔和的大象，可以說是香象中最名貴的、最高貴、最特殊的一類。

【常精進菩薩】這類菩薩修行正法最精進，從來不因任何藉口而斷絕修行或停下修行，他們堅韌不拔，始終不退，毫無懈怠。

【不休息菩薩】與常精進菩薩是類同。這類菩薩修行大乘菩薩道不知疲倦，比常精進菩薩更精進，他們從不休息，從不懈怠。

【妙生菩薩】是善於生出幻象（即幻生玄妙影像）的菩薩。

【華嚴菩薩】是以三昧定力示現眾華（通「花」字）、遍滿虛空、顯示大莊嚴的菩薩。我們常說佛土為蓮花世界，花（華）代表淨土之意。這類菩薩修到了這個境界，或用這樣方法來修行。

【觀世音菩薩】常聽說「觀世音菩薩」是指能觀世間眾生之危難，聞受苦之眾生，稱其名號（稱呼救之音）即現前使其得解脫的菩薩。這是一類菩薩，不是一個。

【得大勢菩薩】是專修以大神力飛到十方，所治之國六大震動，惡趣休息（即六惡道皆得休息，不再受苦，皆得安樂之意）。

【梵網菩薩】是專門修行多種梵行（梵行即一種修行禪定方法）的菩薩，且多種梵行一起修行。

【寶杖菩薩】是專修以法為寶杖的菩薩。寶即最珍貴的，杖代表權力權勢。

【無勝菩薩】即這一類菩薩世間無人能勝。

【嚴土菩薩】這一類嚴土菩薩修行達到的境界即其所在國土皆呈現出莊嚴而清淨的狀態。嚴土，代表這類菩薩修行的境界呈現，及功德所在。

【金髻菩薩】金髻也代表修行境界，這類菩薩的髮髻呈金色。

【珠髻菩薩】珠髻菩薩修行境界到了髮髻中有如意寶珠，此如意寶珠能預知十方世界及眾生業因果報，即這類菩薩能事先看到眾生的因果報應。

【彌勒菩薩】彌勒菩薩即未來佛。釋迦牟尼佛祖是現世佛，退位後由彌勒佛接替他的佛位。彌勒菩薩是世尊的弟子，世尊在世時曾授記彌勒菩薩為未來接班者。

【文殊師利法王子菩薩】即文殊菩薩。這類菩薩智慧第一，他是以妙德法身遊遍十方世界，莫使其所生來補佛處，也稱「文殊師利為法王子」。

以上，是對眾菩薩名號作簡單介紹。

【如是等三萬二千人】參加大法會的大菩薩數量有三萬二千人，除此大菩薩們，還有誰參加呢？

【複有萬梵天王屍棄等】即還有來自娑婆世界以外

上萬個梵天王。這些梵天王的名為「屍棄」，梵天王亦即色界初禪天大梵天。這類梵天王在宇宙廣闊的宇宙中，何止一萬，那是無邊無數，無際無邊。這次來參加法會的一萬個梵天王是來幹什麼的？這類大梵天王屍棄是什麼樣的人呢？他們有什麼特點？他們都是來法會聽佛法的，即這一類大梵天王深信正法，每逢佛要出世之時，他們一定是最先來請佛轉法輪的，這是他們的使命。這一類大梵天王屍棄很重要，例如佛將降生在哪個星球哪個國度，要來度化國度眾生時，這些大梵天王（即當權者最有權力的人），他就化身到佛要出世的地方來保護佛，來請佛初轉法輪。

【從餘四天下來詣佛所，而為聽法】是指這次法會的一萬個梵天王屍棄是從四天下來拜會釋迦牟尼佛，來聽授法音的。

【複有萬二千天帝，亦從餘四天下，來在會坐】即又有一萬兩千個天帝（色界三十三天就是帝王），帝釋天的王也從外面的四天下來到此次法會就坐。

以上，來參加法會的都是些什麼人物？在前面就座的是修行大菩薩，接著是各帝釋天、大梵天王等轉

輪聖王坐在後面。

【並余大威力諸天、龍、神、夜叉、乾闥婆、阿修羅、迦樓羅、緊那羅、摩睺羅伽等，悉來會坐】並餘即還有，還有大威力的各種天人，這些人不是王，是各種天人、龍神、夜叉（也稱輕捷勇健的食以鬼），大鬼王就是夜叉，乾闥婆是香神（也是帝釋天的司樂官），阿修羅是有大威力的（有大力量且攻於心計又特別好鬥的一類天人），迦樓羅（金翅鳥）、緊那羅是樂神（奏樂的樂神），摩睺羅伽是大莽神（大蟒蛇），這裡說的是九類神。這裡九類除了神以外，他們這一類天人不完全居在天上受福報，又不完全是人，介於天人之間，因此也稱「天龍八部」。我們也可以給他歸結為屬於轉輪聖王下面的一些神眾，都到法會上來就坐了。且看，這裡法會就坐是有層次的，前面是大菩薩，接著是轉輪聖王，往後是天人，再後面是比丘等。

【諸比丘、比丘尼、優婆塞、優婆夷，俱來會坐】比丘／比丘尼：比丘是出家的僧人，比丘尼是出家的尼姑，即普通的出家人。優婆塞、優婆夷是在家修行

的善男信女，坐在最後面。這裡四類普通的修行人，有出家眾生，有在家的善男信女，共濟一堂，一起就坐聞法。

我們來看佛祖開大法會，人天眾神遍布，十分熱鬧。如果是一個園子裡能裝得下這麼多人嗎？其實，所有佛經裡描述的「法會、佛國」指的是多次元空間，而非現實世界。他們不是現實世界的菩薩、法輪聖王，而是從外面的宇宙來的轉輪聖王和天人，我們是看不見這些人聚集在這裡的，現實中我們可能只是看見十幾個所謂的弟子在場而已。

佛經經義裡描述：聽釋迦牟尼佛祖在講經說法的人，都是存在於高維度空間，如果我們開了天眼就能看到，佛祖一旦開講佛法時，即有無窮無量之眾生會環繞就坐。所以，領悟佛法經義時不能僅僅依據眼前現實世界所見，其實還有多次元空間的存在，我們以此多角度多層次來學習佛經，才不會迷惑，也不會迷信其中經義。

【彼時，佛與無量百千之眾，恭敬圍繞，而為說法】即這時候，還有沒點名字的無量百千眾生，恭敬地圍繞在園子裡，釋迦牟尼佛祖居中，為大家說法。

【譬如須彌山王顯於大海，安處眾寶師子之座，蔽於一切諸來大眾】這個場景像什麼呢？釋迦牟尼佛祖就像須彌山一樣，他巍峨地聳立在汪洋的大海之中，安坐在眾寶師子之座上（此處高大莊嚴代表的佛的尊貴），為來會大眾說法。這時候，佛的法身金光普照，照遍一切來會大眾。

我們看過一些描述法會的繪畫：佛祖高高在上，寶座莊嚴特別華麗，上面遍布珠寶，三十二佛相，高大巍峨莊嚴，功德相圓滿相。功德圓滿相是什麼呢？是指法身（法身不是現實世界的普通人肉身，是指開天眼的人能看到的法身佛像）。佛法身金光萬丈，頭戴光環，佛的金光能切入每一位來參加法會的無量眾生之心。佛祖未開其口，金光先罩其身，每開口說一個字，都會打進眾生的內心中，使眾生感化，敞開心扉，心靈昇華圓滿，破除諸業障。

這一段經典和所有的經典開篇一樣，結構一致為：如是我聞一時——佛在什麼地方？有什麼人參加這個法會？這些介紹完後就得有一個弟子或者一個轉輪聖王來提問，提問即是緣起——誰來緣起？提什麼問題？就註定了這次法會的主題內容。所以，佛從來都不會主動召集大家講什麼經典，一切得有緣起，然

後根據這個緣起，在解答的過程中就形成一部經典。

第三節　寶積唱偈贊佛的功德及佛法

「爾時，毗耶離城有長者子，名曰寶積，與五百長者子，俱持七寶蓋，來詣佛所，頭面禮足，各以其蓋，共供養佛。佛之威神令諸寶蓋，合成一蓋，遍覆三千大千世界。而此世界廣長之相，悉於中現。又此三千大千世界，諸須彌山、雪山、目真鄰陀山、摩訶目真鄰陀山、香山、黑山、鐵圍山、大鐵圍山、大海江河、川流泉源，及日月星辰、天宮、龍宮、諸尊神宮，悉現於寶蓋中。又十方諸佛，諸佛說法亦陷於寶蓋中。爾時，一切大眾睹佛神力，歎未曾有，合掌禮佛，瞻仰尊顏，目不暫舍。長者子寶積，即於佛前，以偈頌曰：

目淨修廣如青蓮，心淨已度諸禪定。久積淨業稱無量，導眾以寂故稽首。既見大聖以神變，普現十方無量土。其中諸佛演說法，於是一切悉見聞。法王法力超群生，常以法財施一切。能善分別諸法相，於第一義而不動。已於諸法得自在，是故稽首此法王。說法不有亦不無，以因緣故諸法生。無我無造無受者，善惡之業亦不亡。始在佛樹力降魔，得甘露滅覺道成。已無心意無受行，而悉摧伏諸外

道。三轉法輪於大千，其輪本來常清淨。天人得道
此為證，三寶於是現世間。以斯妙法濟群生，一受
不退常寂然，度老病死大醫王，當禮法海德無邊。
毀譽不動如須彌，於善不善等以慈。心行平等如虛
空，孰聞人寶不敬承。今奉世尊此微蓋，於中現我
三千界。諸天龍神所居宮，乾闥婆等及夜叉。悉見
世間諸所有，十力哀現是化變，眾覩希有皆歎佛，
今我稽首三界尊。大聖法王眾所歸，淨心觀佛靡不
欣！各見世尊在其前，斯則神力不共法。佛以一音
演說法，眾生隨類各得解。皆謂世尊同其語，斯則
神力不共法。佛以一音演說法，眾生各各隨所解。
普得受行獲其利，斯則神力不共法。佛以一音演說
法，或有恐畏或歡喜。或生厭離或斷疑，斯則神力
不共法。稽首十力大精進，稽首已得無所畏。稽首
住於不共法，稽首一切大導師。稽首能斷眾結縛，
稽首已到於彼岸。稽首能度諸世間，稽首永離生死
道。悉知眾生來去相，善於諸法得解脫。

　　不著世間如蓮華，常善入於空寂行。達諸法相
無罣礙，稽首如空無所依。」

　　《維摩詰經》和其他佛經一樣，誰來緣起呢？下

面有詳細講述。

【**爾時，毗耶離城有長者子，名曰寶積，與五百長者子，俱持七寶蓋，來詣佛所，頭面禮足，各以其蓋，共供養佛**】這時人已到齊，在毗耶離城有一個名「寶積」的長者子（長者即最珍貴且最有權威的，長者的兒子叫做「寶積」），是城中非常有威望的名士。

寶積和維摩詰居士過從甚密，兩人經常在一起來參議釋迦牟尼佛，跟釋迦牟尼佛很熟。這一次寶積帶領著五百個長者子（這裡指毗耶離城裡較尊貴家庭的孩子們），通俗講就是寶積把這些富二代或官二代都帶到釋迦牟尼佛這裡，他們手持寶蓋前來參拜釋迦牟尼佛。見佛祖行的禮是最重最大的禮，稱為「頭面貼足」大禮，獻上寶蓋作為對佛的供養。這次寶積沒有和維摩詰一起來，而是帶了五百個富家子弟，前來聞佛聽法，對佛供養。

【**佛之威神令諸寶蓋，合成一蓋，遍覆三千大千世界**】寶蓋是什麼呢？它是一種在法會上照在佛祖頂上的彩色傘蓋，可遮風避雨，可遮蔽陽光。因從前講經說法都是在室外，所以講法的法師頂上必須有個傘

蓋。這裡的寶蓋是用珠寶裝飾而成的，是傘蓋裡特別尊貴重要的，也說明這個講經的法師地位特別重要。寶蓋懸於法會的講座頂上。佛祖接過五百子的寶蓋，用大威力即顯神通力，把所有供奉的寶蓋都合成一個，一下子遍覆三千大千世界。

前面提過佛法裡三千大千世界，即一個小世界。這裡以須彌山為中心，周圍有七山八海所環繞，又以鐵圍山為外界，由此形成一個小世界；一千個小世界構成一個小千世界，三千個小千世界構成一個中千世界，三千個中千世界構成一個大千世界，三千大千世界裡面中每一個世界裡又包含四部洲、六欲天、四禪天，所以這樣廣大的世界一下子全都在大寶蓋中顯現出來了。

這裡描述的是呈現在法界、多次元空間裡的狀態，即佛祖的神威之力，整個娑婆世界盡在其掌握中。這種「寶蓋遍覆三千大千世界」是一種供養，供養佛的功德無量。

【而此世界廣長之相，悉於中現。又此三千大千世界，諸須彌山、雪山、目真鄰陀山、摩訶目真鄰陀山、香山、黑山、鐵圍山、大鐵圍山、大海江河、川流泉源，

及日月星辰、天宮、龍宮、諸尊神宮，悉現於寶蓋中】
三千大千世界所有一切都在寶蓋中有所呈現。目真
鄰陀山是什麼？目真是龍王的名字；鄰陀山是龍王的
住處，這座山是以龍王的名字命名的。摩訶目真鄰陀
山，即說龍王心向佛法。

【又十方諸佛，諸佛說法亦陷於寶蓋中】 十方諸
佛，佛經是以東、南、西、北、東南、西南、東北、
西北，上、下為十方，所有的佛都在大寶蓋中現身說
法。

**【爾時，一切大眾睹佛神力，歎未曾有，合掌禮
佛，瞻仰尊顏，目不暫舍】** 這時，所有與會的大眾親眼
看到佛的神力如此神通廣大，皆同聲讚歎：真是見所
未見，聞所未聞，不可思議啊！所以大家心生嚮往，
合掌禮佛，連眼睛都捨不得眨一下地看著佛祖。這裡
呈現出來的可不是迷信，其實是佛讓大家看到：現實
世界太局限，整個的宇宙是非常廣闊無垠的，我們要
放大心量，才能從小的視野放眼到三千大千世界。如
何做到？可以透過學習佛法，破除各種障礙、各種邪
見、各種恐懼，這樣心才能真正廣大，才能圓滿。

【長者子寶積，即於佛前，以偈頌曰，目淨修廣如青蓮，心淨已度諸禪定。久積淨業稱無量，導眾以寂故稽首】這裡的「偈」是指蘊含佛法的詩。所以這時，長者子寶積開始步入正題說：「世尊，您的眼睛目光遠大、美得就像青色的蓮花一樣；您的心地清淨無染無濁，早已修定修到了梵天之上；您的修為以無量世（生生世世）的善行引導眾生得禪定、離苦得樂，到達涅槃之彼岸，所以得到無限無量廣大之眾生的禮敬與崇拜。」

【既見大聖以神變，普現十方無量土】神變，即佛菩薩以神通力變現各種不可思議的鏡像。這句偈子解讀為：我們現在親眼目睹佛祖以神通變現的三千大千世界。

【其中諸佛演說法，於是一切悉見聞】每一方國土都有無量的諸佛在演說佛法，乃至一切山河大地，天空寶剎都盡現其中，這指的是佛的神通變化。

【法王法力超群生，常以法財施一切】法王是什麼？法王就是佛。即說佛陀的法力超群，常以正法濟

度一切眾生。法財施即法施與財施，法施即法供養，法施多指對下宣講開示佛法。法供養多指對上師、對佛、菩薩這些稱供養；施是對下而言，財施是向人布施錢財，合稱法財施。

【能善分別諸法相，於第一義而不動】第一義是指最究竟的真理。佛陀告訴我們的講法不落有無二邊，稱為能善分別諸法相。佛陀認為諸法皆是因緣而生，既沒有造作者，也沒有永恆不滅的實體，更沒有業報的承擔者，但是，這一切因緣業報也不會因此而消失。

這偈子是非常重要的一句。《六祖壇經》裡引用了「能善分別諸法相，於第一義而不動」原話，裡面用了很大篇幅在講解這句話——如何分別法相？如何放下分別？從淺層可理解為：佛祖修到佛菩薩的境界，既於分別五光十色的紛繁，世事的精彩絕倫，光怪不離的世事虛相，但又能安住於本質皆空，皆是因緣聚合而來的第一義始終不動。這句話是《維摩詰經》很重要的觀點及理論，這裡以偈子的形式，通過寶積的口說出來——世間之相皆假象，皆源自於心，心才是本體（是本質），心是如如不動的，如如不動

之心（這裡指「阿賴耶識」）(註) 包含了一切，它投射出來的一切——心內所生之種子都是以一種幻象的形式投射於現實的。因此眾生世人既要善於分別現實，又要認清：說這些都是假象，是因為它是一種投影，但是不能因為是假而不在乎或者就認為它沒有，那都不可以。我們該分辨時要分辨，同時知道這不是真的（即不是實相不是實體），知道它不究竟，它是因緣聚合而成，它僅僅是心投射出來的影子而已。所以，要透過對「象」的分別，反觀內心——我的內心中最本質的那部分必是如如不動的，如如不動的真心即真我（最深層次最本質的我是如如不動的）。我們常說要找到回家的路，其實就是要找到如如不動的第一義，即真我。但要透過什麼來找那顆如如不動的心呢？如何能跟它相應？如何跟它溝通呢？就是透過對紛繁複雜、光怪陸離、美妙絕倫的現實世界裡的各種象再反觀其心，向內觀照向內修，才能真正找到真我，那才是回家的路。

這句偈子看似是對佛祖的一種讚嘆，其深意是《

---

*註：阿賴耶識，為梵語音譯而來，又稱「第八識」。為「有情」根本的心識，含藏了一切善惡行為的種子，當因緣成熟時，能引生有情的根身器界，所以為一切事物之根源。

維摩詰經》裡的巧妙編排，把佛祖要宣講的佛法藏於偈子中闡述。

【已於諸法得自在，是故稽首此法王】諸法即一切的佛法都存於一心，一切皆向心內求，因此能得大自在。一切受益之大眾都會向佛祖表達崇拜和感激之意。法王是佛的異稱，諸法自在，故稱「法王」。佛陀已於法自在，法力超前，既重無疆，深得大眾的敬意和崇拜。

【說法不有亦不無，以因緣故諸法生。無我無造無受者，善惡之業亦不亡】這裡在進一步解讀「能善分別諸法相，於第一義而不動」的意思。也就是說，既能善於分別種種的意象（這些意象本質是無），為什麼它的本質是「無」呢？即所有的「有」都是因緣彙集的結果，當因緣散盡又落於空無。佛祖說法一定不落「有無」兩邊，既不說有，亦不說無，一切都是因緣而生。「無我無造無受者」既沒有一個所謂的「我」作為永恆不滅的實體，又沒有一個神創造了宇宙及世界，也沒有所謂業報的承受者。「善惡之業亦不亡」是指如果說什麼都沒有，那善和惡真實存在嗎？因果

存在嗎？我們說因果（善有善報，惡有惡報），因果不昧，雖然無我無造無受者，但是一切的因緣業報又不會因此而消失，它是存在的。學佛的人一定要看透這個本質，這是《維摩詰經》裡非常重要的佛理——本質上「沒有」，又存在因果，還有善業和惡業的果報。

在這裡先保留兩個問題：是什麼在承載著果報？是誰造的業呢？佛祖會在後面的經義裡講明白這個道理。

【始在佛樹力降魔，得甘露滅覺道成。已無心意無受行，而悉摧伏諸外道】佛陀是在菩提樹下降服諸惡魔，終於證悟成佛。佛陀已經完全熄滅了一切的虛妄之心識及一切所造作的心所受行，即已放下，不思善不思惡，他已經能看到了世間萬有之真相是什麼。他放下了一切，了了分明：「那些妨礙我成佛之道的魔、佛都是不存在的，這些都是虛妄，只是心識造作的假象，一旦識破，心即無所受者，即使有魔也無著力點了，我心與其不相應。」心中無魔無障礙，外界便無魔無障礙，佛因此而成佛，即悉摧伏邪門外道。

【三轉法輪於大千，其輪本來常清淨，大人得道此為正，三寶於是現世間】三轉法輪，即佛陀在娑婆世界三次大型講法，創立了四諦法（四聖諦）、十二因緣法，乃至至極的真理。佛陀度化的不僅是人類，還包括天人、轉輪聖王、天龍八部等。「其輪本來常清淨」佛真的在大千娑婆世界轉了三次法輪嗎？大千世界中真的有那麼多受苦眾生嗎？從本質上講，這些都沒有。

《金剛經》裡說：「佛出世，以佛法救度了無量無數眾生，但實無一眾生得度。」如果說佛度化了這些眾生，即是謗佛，為什麼這麼說？本來沒有那麼多需要救度的眾生，就是因為「其輪本來常清淨」，這些眾生只是幻象，甚至連佛在娑婆世界菩提樹下成佛也是幻象，都不是實有的。那麼，為什麼佛真的在二千五百年前在菩提樹下覺悟成佛了，又傳下這麼多佛經，有這麼多弟子，幾千年來廣度眾生呢？這是因為在本質上是所有眾生心中皆有佛性，是集體的潛意識在二千五百年前因緣聚合下，呈現一個佛於世間來度化眾生的事蹟。換句話說，這些都是因緣聚合——是在所有的眾生心中有了，顯示於外的相，佛法的出世應當如此理解。

【天人得道此為證，三寶於是現世間】佛法問世時，實實在在的有很多天人和人得到了不同程度和層次的解脫，這是實有的；從此以後，娑婆世界終於出現了「佛、法、僧」三寶。

【以斯妙法濟群生，一受不退常寂然，度老病死大醫王，當禮法海德無邊】大醫王（與法王類同，佛的異稱），佛「以法為藥」利益眾生，醫治眾生的種種病患。佛以此清淨的妙法來救助廣大眾生，眾生如果能信受奉行，就能做到不退轉，精進於佛法，最終得入涅槃。人們應該感謝、禮敬功德無邊的偉大佛法。

【毀譽不動如須彌，於善不善等以慈，心行平等如虛空，孰聞人寶不敬承】佛陀覺悟成佛後能看透世間之百態，一眼就能看到眾生之實相：「有人侮辱我，有人譏諷我，有人誹謗我，這些只是表象而已，在這些表象面前佛陀穩如須彌，絲毫不會為之所動。」為什麼？因為佛陀深知其理：「真我之外沒有別人，即宇宙天地廣闊無垠包含著萬有，但其實唯我獨尊，一切皆是虛像假象，因緣聚合而成，一切皆是我的呈現，

一個投射而已。」佛陀深刻領悟這個道理，他對外在的毀譽絲毫不會動心。

【於善不善等以慈】即佛陀對所有外在的善與不善的行為，乃至對十惡不作的諸惡都能以一種平等不二的仁慈之心對待。在佛的面前，外在的一切都是因緣聚合的假象而已。所以說佛陀能善分別諸法相，於第一義而不動，這是一種境界。相或象，存在與否，本體都不受任何的影響，它僅僅是一種呈現，是一種投射而已。

【心行平等如虛空，孰聞人寶不敬承】佛陀真正修行得道之後，心如虛空廣大，極其包容，不會對世間的萬物妄生出差別之見。此處感嘆：「這是最寶貴的人中之尊啊，我們三界之眾生怎能不升崇拜崇敬之心呢！」

【今奉世尊此微蓋，於中現我三千界。諸天龍神所居宮，乾闥婆等及夜叉。悉見世間諸所有，十力哀現是化變，眾睹稀有皆歎佛，今我稽首三界尊】我們在此供奉給佛微小的大寶傘，佛從中顯神通之力，給我們顯現

出來三千大千世界，不僅有天宮、龍宮、乾闥婆、夜叉、天龍八部等眾居所，還有世間一切的山河大地，日月星辰也顯現其中。大家對佛陀的神通威力深表讚嘆，佩服得五體投地。這裡三界尊也是對佛的尊稱，佛是三界（是指欲界、色界、無色界）中最尊貴的。尤其是「悉見世間諸所有，十力哀現是化變」，這裡不僅把現實世界的一切都呈現出來，甚至把過去、現在及未來的一切變化過程都能顯化在大傘蓋中。為什麼佛能呈現出這樣的神通威力？他怎麼能知道三千大千世界所有一切眾生的過去現在未來的發展變化以及結果呢？因為佛修到了實相，得到大涅槃，證到了世界宇宙以及我的本體，覺悟了——這是佛法最後達到的狀態，稱為「無漏大神通」。佛展示這樣的神通給參與法會的眾生看到，讓大家心生嚮往，更加相信佛法的真實不虛，這也是一種方便的接引法門。

　　【大聖法王眾所歸，淨心觀佛靡不欣】大聖法王，還是對佛陀的稱謂。如此盛名覺悟的大法王，理所當然會成為人們尊敬的對象。所以，瞻仰這樣人神眾生之法王，誰不歡欣雀躍呢！

【各見世尊在其前，斯則神力不共法】在大眾面前所能顯現的佛陀莊嚴身相也許各不相同，每一個人感受到的佛是不同的，不是完全一樣的。為什麼？這是佛陀的神力，他的境界與人、天人乃至二乘不同之處，佛是一個最究竟的實體，但是每一個人在聽到他、看到他的形象，呈現出來的都是不同的。佛的音聲，佛講經說法的每一句經典，每一個人聽到的都是不同的。就是佛有佛的境界，佛的境界那麼高，我們是二乘境界，有人有天人有六惡趣之眾生，佛同樣講一句經，講一句經典語錄，所有眾生聽到的都不一樣，高度各有不同，即稱為「不共法」。

【佛以一音演說法，眾生隨類各得解。皆謂世尊同其語，斯則神力不共法】《維摩詰經》對此講解得非常透澈。其中一種表面的解讀：佛講經說法面對的是各類有情眾生，各類眾生的語言是不同的，即天人有天人的語言，人類有人類的語言，天龍八部天神有天神的語言，佛以一音演說法，每一類眾生都能聽懂受益。但是，講法的人，他講的法不一定能讓聽法的人都能受益。為什麼會這樣？同樣是佛在講法，有的人聽到法就歡欣雀躍法喜充滿，立馬內心就開始轉變，

開始變化，煩惱論斷，安樂頓省；有的人同樣聽佛在說一句話，他認為這是在罵人，在嘲諷人。即如果聽佛法的人福德具足，以清淨心聞聽佛法，他會法喜充滿歡欣雀躍，一聽就能領悟佛所說義理；但，如果眾生福薄德缺、業障深重，再美妙的佛音也透不到他心裡，都會被那重重的業障遮蔽，業障會把那美妙的佛音折射、曲解，等透過業障傳到了眾生耳中的佛音，也許就變成了罵人或者譏諷的話，每個人都有自己的解讀，這個稱為「斯則神力不共法」。

【佛以一音演說法，或有恐畏或歡喜。或生厭離或斷疑，斯則神力不共法】佛以一音演說法，他對所有大眾講的是同一個理，但是有的人聽到後非常害怕，特別恐懼，有的人非常憤恨，有的人聽了再也不想聽下去，心煩氣躁就要走，有的人聽了立馬斷除疑惑，破除煩惱。因此這些都跟我們的福德、業報有直接關係。

【稽首十力大精進，稽首已得無所畏。稽首住於不共法，稽首一切大導師。稽首能斷眾結縛，稽首已到於彼岸。稽首能度諸世間，稽首永離生死道】結縛，是煩惱

的代名詞，指能系縛人身心，使之不得解脫。佛教用
語：生死之境界稱為「此岸」，悟道、證得、涅槃稱
為「彼岸」，彼岸和此岸之間隔著的是巨大的業海，
這個煩惱業障稱為「中流」。這裡的「稽首」，有讓
我們頂禮的意思，這是對佛陀的讚美、禮敬和崇拜。
讓我們虔誠地頂禮這位以十力大精進，能度化眾生，
救濟世間的佛陀；讓我們頂禮這位已能安住得到大解
脫的十八不共法的佛陀；讓我們虔誠地頂禮，這位可
以作為人天大導師的佛陀；讓我們虔誠地頂禮，這位
能引領眾生斷除煩惱業障的佛陀；讓我們虔誠地頂禮
這位已經證得涅槃，早登彼岸的佛陀；讓我們虔誠地
頂禮，這位能在世間度一切眾生的佛陀；讓我們虔誠
地頂禮，這位能帶領眾生永出苦海，遠離生死之道的
佛陀。

【悉知眾生來去相，善於諸法得解脫】即這個最為
我們頂禮的偉大佛陀，他有大神通，完全通達知曉眾
生過去現在以及未來，他善於引領眾生隨順諸法而得
解脫。他知道眾生需要什麼法，會於哪類法的不斷修
行中積累多少世後，彙集多少因緣福德而逐漸走上修
行之路，能得菩薩道，最後能入佛境。因此，佛創諸

法「八萬四千種法門」於世間，以應對世間八萬四千種眾生。

【不著世間如蓮華，常善入於空寂行】世間，即五濁惡世之娑婆世界。行，即度化眾生。偉大的佛陀雖身處五濁惡世之世間，但能出淤泥而不染，淨如蓮花，常常能在空寂的禪定中又不為空所縛。所以說佛陀善於在寂定的光定中度人解脫，在五濁惡世中尋求有緣人為其解脫。

【達諸法相無掛礙，稽首如空無所依】偉大的佛陀已於一切自在，毫無牽掛，什麼都障礙不了他，讓我們再一次以最虔誠的心和最高的禮節向偉大的佛陀頂禮。這位法身如虛空，遍法界的偉大的佛陀是我們學習的榜樣，是我們偉大的導師。

以上，是寶積長者子對佛陀讚頌偈子的解讀。

第四節 「隨其心淨則佛土淨」的修行法則

　　「爾時，長者子寶積說此偈已，白佛言：世尊，是五百長者子，皆已發阿耨多羅三藐三菩提心，願聞得佛國土清淨，唯願世尊，說諸菩薩淨土之行。佛言：善哉，寶積！乃能為諸菩薩，問於如來淨土之行。諦聽，諦聽，善思念之，當為汝說。』於是寶積及五百長者子，受教而聽。佛言：寶積，眾生之類，是菩薩佛土。所以者何？菩薩隨所化眾生，而取佛土；隨所調伏眾生，而取佛土；隨諸眾生，應以何國入佛智慧，而取佛土；隨諸眾生，應以何國起菩薩根，而取佛土。所以者何？菩薩取於淨國，皆為饒益諸眾生故。譬如有人，欲於空地，造立宮室，隨意無礙；若於虛空，終不能成。菩薩如是，為成就眾生故，願取佛國；願取佛國者，非於空也。」

　　《維摩詰經》從一開始就步入主題，告訴我們如何修行，建立佛國淨土。眾生之所以能修到佛國淨土，不是靠一人意念說：「我要去到佛國淨土。」這裡一再強調，只要按照佛陀講的方法認真修行，「

我」將是十方諸佛之淨土，那裡都可以去的。這跟西方極樂世界阿彌陀佛淨土法門的修法完全不一樣，它不僅僅可以到西方極樂世界，當我的心真正清淨到圓滿程度，我所在之都是佛國淨土——而這個才是《維摩詰經》裡真正要表達的含義，也是對中華佛教各個法門以及中華文化的文史哲學等影響最大的第一個要點——「唯心淨土」。

淨土在哪裡？淨土不在外面世界，而是在我們的心裡。想要打造佛國，就要在心裡面打造，只要改變了自己的心，我所看到的宇宙及所居住的環境就會改變。其實就算整個世界沒變，但是我的心變了，我的世界也會跟著改變。《維摩詰經》後面會更詳細的闡述這一點。

【爾時，長者子寶積說此偈已，白佛言：世尊，是五百長者子，皆已發阿耨多羅三藐三菩提心，願聞得佛國土清淨，唯願世尊，說諸菩薩淨土之行】此時，由寶積點出了《維摩詰經》的主題，這就是《維摩詰經》的緣起，所以他說：「世尊，我帶來五百個長者子，我們都已經發了願：要修無上菩提，阿耨多羅三藐三菩提心（無上正等正覺，遍知一切真理的無上智慧，也

稱「圓滿佛智」），我們發心了，但我們不知道怎麼修行，請佛祖講解該如何修行淨土法。」

這裡，寶積提了兩個問題：

第一個問題：我已發心，願聞得佛國土清淨，要往生彼岸得大智慧，請佛祖給我們講一下佛國淨土到底有什麼好？得大智慧圓滿後有什麼好處？清淨了有什麼好處？為什麼要去佛國，而不在這裡享樂呢？五百長者子在這裡生活已經相當優越了，佛國有什麼更好的呢？

第二個問題：我知道了佛國淨土好，我該如何修行，才能到得了淨土，才能往生到淨土呢？

【佛言：善哉，寶積！乃能為諸菩薩，問於如來淨土之行。諦聽，諦聽，善思念之，當為汝說。於是寶積及五百長者子，受教而聽】佛很開心，聽到寶積能提出這個問題來，就有了這個緣起。當然寶積不是為了自己，而是為諸菩薩，這裡的菩薩不是指修成的大乘菩薩，而是指發了阿耨多羅三藐三菩提心的普通大眾（也稱「初地菩薩」），問如來有關淨土之行。

寶積這次問法是代表初級的修行大眾，向佛陀詢問前往淨土的修行方法。佛說：「你好好聽，聽後好

好領悟，我現在就對你說。」於是，寶積和五百長者子都謙虛認真地傾聽。

【佛言：寶積，眾生之類，是菩薩佛土】這裡，佛陀的第一句話就把淨土法修行的重點直截了當地說出來了。首先，要知道佛土也稱「清淨」，而佛居住的佛境界：廣大清淨，福德具足，常樂我淨，永斷煩惱的狀態。

真正的佛國淨土不是外面有一片清淨的世界，也不是佛在宇宙中創造了一個佛國淨土的世界，這兩個理解都不對。那麼，真正的佛國淨土在哪裡？在眾生之類裡面，即按照眾生的不同而分不同的佛國淨土，佛國淨土在眾生之中。

【所以者何？】為什麼這麼說呢？佛陀馬上接下來解釋。

【菩薩隨所化眾生，而取佛土】這裡要先釐清幾個文字概念：眾生，指的是菩薩眾；化，指的是度化。每一個生命體都有無數的人格，不同的人格聚合而成一個「眾生」。發阿耨多羅三藐三菩提心的眾

生，稱為「菩薩眾」。眾生有這個發願發心，即是初地菩薩——心地既嚮往清淨，又渴望被度化，所以「度化」就是要解脫。例如，心中發心，馬上在心中就有了一塊淨土，稱「菩薩淨土」，也稱「應化菩薩淨土」。我們起心動念有善念或惡念——當善念起時，善的人格就會現前；當惡念起時，惡的人格就會現前，每個人皆是如此。那麼，當菩薩心升起，要度化的這一批人格就會現前，現前的這一部分就呈現出菩薩淨土，這些都是在民眾的心中。

　　而佛祖講解的淨土法門真正的含義，其實就是一句話「唯心淨土」。這是《維摩詰經》非常重要的思想，對中國的佛教發展影響巨大，甚至還有許多論述。但這裡佛陀很清楚告訴我們淨土在哪裡？淨土是在外面還是在內心裡面？而真正的淨土又是什麼？

　　【隨所調伏眾生，而取佛土】 調伏，是佛教用語，指的是調和身口意三業，以制伏諸惡。而在眾生之中有一批人想要修「調伏」，即妄想心、執著心，因此佛陀表示只要發了阿耨多羅三藐三菩提心，並在現實中不斷地調伏自己的妄想、執著，就可以得到菩薩淨土。

【隨諸眾生，應以何國入佛智慧，而取佛土；隨諸眾生，應以何國起菩薩根，而取佛土】根據各類眾生將在怎樣的國度才能進入佛之智慧，或是如何萌生菩薩道根，而取菩薩淨土。要注意的是這裡各類眾生是不同的眾生，發心不同，修行方向不同，最後他們得到的菩薩淨土境界是不同的。同樣是修菩薩淨土，但因修得清淨的境界不同而有所區別的，具體有區別在於發心、修為、修行的重點的不同。

【所以者何？菩薩取於淨國，皆為饒益諸眾生故】不管怎麼說，即不管各類眾生有多少種不同發心或修行方法，共同點都是為了饒益救度眾生，他們不是給自己建立一個常樂我淨的佛國，而是為了眾生，如果離開了眾生，就不存在菩薩淨土。

《維摩詰經》裡面「大乘佛法」的大乘菩薩應該如何起心動念？如何修行？如何成佛？這裡闡述得非常清楚。大乘菩薩剛開始發菩提心（初地菩薩）的時候，他發的願是往大乘菩薩方向去修，起心動念之始是為了饒益眾生，濟度諸眾生，因此而建菩薩淨土。

【譬如有人，欲於空地，造立宮室，隨意無礙；若

於虛空，終不能成】這裡佛陀打了一個比方：如果有人要在平地上按照自己意願建立一座宮殿樓閣，這很容易能建成，但如果離開大地，要在虛空當中建立自己的宮殿樓閣，那是不可能的。

【菩薩如是，為成就眾生故，願取佛國；願取佛國者，非於空也】要建立一個佛的淨土，根基是什麼？根基就是眾生。大乘菩薩成佛，不是為自己，他是為有緣之眾生來建立的。就如前面所說，如果離開了眾生就好像離開了大地，在虛空中建立宮殿樓閣那是不可能的；如果以饒益濟度諸眾生目的來建立佛國，順其自然就能建成。

這裡主要闡述了一個道理，就是對一個初修者來說，應該如何修自己的清淨佛國。真正的佛國如同在建造自己的世界一樣，要從一磚一瓦，一草一木建起。只要走上了修行之路，就已經開始打造佛國淨土，但是正確的打造方法是什麼呢？如果我們沒有正確的方法，本來想打造佛國淨土，但是方向和方法錯了，結果很有可能打造成一個地獄的。

所以在這個經義裡，佛祖告訴我們要如何修行才能得到自己的佛國淨土，這也是在回答寶積的第二個

問題——只要修行時不走邪路，就能直奔自己的佛國淨土，這也是最快的捷徑。

第五節　闡述「菩薩行」與「淨土」的關係

「寶積，當知！直心是菩薩淨土，菩薩成佛時，不諂眾生來生其國。深心是菩薩淨土，菩薩成佛時，具足功德眾生來生其國。大乘心是菩薩淨土，菩薩成佛時，大乘眾生來生其國。布施是菩薩淨土，菩薩成佛時，一切能捨眾生來生其國。持戒是菩薩淨土，菩薩成佛時，行十善道滿願眾生來生其國。忍辱是菩薩淨土。菩薩成佛時三十二相莊嚴眾生來生其國。精進是菩薩淨土，菩薩成佛時，勤修一切功德眾生來生其國。禪定是菩薩淨土，菩薩成佛時，攝心不亂之眾生來生其國。智慧是菩薩淨土，菩薩成佛時，正定眾生來生其國。四無量心是菩薩淨土，菩薩成佛時，成就慈悲喜捨眾生來生其國。四攝法是菩薩淨土，菩薩成佛時，解脫所攝眾生來生其國。方便是菩薩淨土，菩薩成佛時，於一切法方便無礙眾生來生其國。三十七道品是菩薩淨土，菩薩成佛時，念處正勤神足根力覺道眾生來生其國。回向心是菩薩淨土，菩薩成佛時，得一切具足功德國土。說除八難是菩薩淨土，菩薩成佛時，國土無有三惡八難。自守戒行、不譏彼闕是菩薩淨

土，菩薩成佛時，國土無有犯禁之名。十善是菩薩淨土，菩薩成佛時，命不中夭，大富梵行，所言誠諦，常以軟語，眷屬不離，善和諍訟，言必饒益，不嫉不恚，正見眾生來生其國。」

【寶積，當知！直心是菩薩淨土，菩薩成佛時，不諂眾生來生其國】 發了阿耨多羅三藐三菩提心的初修眾生該從哪裡開始修呢？首先，要從「直心」開始修，但是直心對應的是什麼？要怎麼修直心呢？因此首先要知道什麼是「不直心」。「不直」就是「彎」，不直心即諂媚扭曲之心，又叫「諂曲心」。而諂曲就是奉承、諂媚、彎曲的意思。在現實當中，如果我們不修行，每天所做的事情就容易在諂曲心的支配下做的。甚至針對所有眾生發出的每一個心，每一個行動都會是諂曲的，而不是直心。例如每天都要穿衣服和化妝，但為什麼要挑選美麗的衣服穿呢？還不是要讓大家看到我是美的。那為什麼化妝？為誰而化妝？自己又看不見自己臉，所以化妝是為了給別人看的，是為了取悅於人，而這樣的想法及心態就是一種奉迎，這就叫「諂媚」。還有像時時刻刻會注重自己的儀容，講話要有深度，希望自己講經說法時能悅耳動

聽，能打入他人心扉，讓人受益……，我們為什麼這
樣要求自己呢？其實都是諂曲心在作怪。

　　反過來，我們不化妝了，我想幹什麼就幹什
麼——臉不洗就出去，衣服隨便穿，不管別人高不高
興，這個就不是諂曲心嗎？錯！這個也是諂曲心。只
是諂曲的對象不是外面的眾生，而是在諂曲自己，這
種任意妄為，不顧其他眾生的感受，只注重自己的感
受，也是一種諂曲。這是兩個極端，都是不直心。

　　所謂的直心，是真正發自內心，不為任何人，
不是為外界眾生，也不是為自己內在需求，真正能做
到這一點就是如《六祖壇經》說的「直心是道場，直
心是淨土。」因此修佛從直心開始修，也是《維摩詰
經》主張的觀點。那麼「直心是道場」又是指什麼？
這意思是其實我們第一個道場就是直心，只要放下
諂媚心，放下奉承之心，放下委屈求全之心，放下那
些彎彎繞繞的心態及想法，但又不是無所顧忌，什麼
都不在乎，做事不講邏輯等情況，換句話說，就是不
落入這兩個極端就是直心。而「直心」到底怎麼修？
用語言是不可能表達清楚的，它僅僅是一個感受和描
述，如同佛法講的「言語道斷，心行處滅」，用言語
表述是講不清楚，講不明白的。

現在，大乘菩薩發心要修自己的佛國淨土，先從直心起修，堅守直心就沒有了妄作，把讒媚諂曲之心放下，就沒有那麼多妄想和妄作了，這是修行的第一步。當有一天真正修成佛國淨土時，吸引來我的佛國淨土裡的都是什麼樣的眾生呢？那都是修直心的眾生，要知道佛國淨土中不是只有我們一個人，修淨土不是為了自己，是為了這些有緣眾生而來的。

　　【深心是菩薩淨土，菩薩成佛時，具足功德眾生來生其國】第二個是修深心，即是求法之心深切、信法之心深固，深心一定是建立在直心的基礎，才有可能成立。因為直心不斷地向下修，信愈堅固，行愈堅固，就能得到了深心，所以說深心是菩薩淨土。淨土從何來？不是在外面修建而來，是修我內心而來。從深心起修，堅持不懈地從行和信上修行，一直到成佛，那麼具足此功德的眾生必來生其國。當為這些眾生而修成的佛國淨土，接引而來的都是跟我志同道合者。

　　【大乘心是菩薩淨土，菩薩成佛時，大乘眾生來生其國】何為菩提心？就是無上的求道之心、向道之心。菩提心從何而來？一定是在直心和深心不斷深化

鞏固，並不斷深修的過程，修到後面才會發出清淨菩提心。所以真正的修菩提心，就是在修菩薩淨土，當成佛的時候，大乘眾生來生其國。而修菩提心的一定都是大乘眾生。

【布施是菩薩淨土，菩薩成佛時，一切能舍眾生來生其國】前面修直心、深心、菩提心，到修布施，這都是在修菩薩淨土。

【持戒是菩薩淨土，菩薩成佛時，行十善道滿願眾生來生其國】持戒的人，在現實中必修十善道，善道修得圓滿則福德具足。所以，現實中福報大、積德的必是滿願眾生，他就會接引同類的眾生來生其國。

【忍辱是菩薩淨土，菩薩成佛時，三十二相莊嚴眾生來生其國】有忍辱之功德圓滿者，必是相貌端莊，莊嚴的極致即三十二相，是指佛陀的三十二種祥瑞之象。當修忍辱修得功成名就，即可達到三十二相的狀態，三十二相就會到我的淨土。同時，修忍辱也是在修淨土。我們一直想知道如何修得淨土，佛告訴我們，一定要從自己內心修，向內修才能真正得到佛國

淨土,而非向外修。

【精進是菩薩淨土,菩薩成佛時,勤修一切功德眾生來生其國】當修成了佛國淨土的時候,這一類精進的眾生,他們也會被感召而來,被接引而來。精進也是修佛國淨土的一個重要的因素。

【禪定是菩薩淨土,菩薩成佛時,攝心不亂之眾生來生其國】修禪定的,即是攝心不亂,這樣的眾生會被接引而來。這裡再解釋一下何為菩薩淨土?菩薩就是指發了阿耨多羅三藐三菩提心的大眾初修者,初修者的淨土還不是圓滿的淨土,修一塊成一塊淨土,不修的則是惡土。在修成佛的過程中(沒有修到佛的境界),這一塊塊修的稱為菩薩淨土。只有修到佛的時候,才稱為圓滿的清淨世界。

【智慧是菩薩淨土,菩薩成佛時,正定眾生來生其國】有了正定,自然就有正慧,定慧無別,一體兩面。所以,正定的眾生必是有大智慧的眾生,凡修正定的眾生都有緣,都會被接引來佛國淨土。

【四無量心是菩薩淨土，菩薩成佛時，成就慈悲喜捨眾生來生其國】四無量，即是「慈悲喜捨」四梵行。何為「慈」？能給別人帶來快樂，謂之「慈」。何為「悲」？能救人於苦，謂之「悲」。何為大悲大慈？大悲即拔眾生之苦，大慈即滿眾生之願，成眾生之美。何為「喜」？見人離苦得樂而心生歡喜，謂之「喜」。何為「捨」？對一切眾生能捨怨、能捨親、能捨財、能捨法、能捨無畏，真正能做到怨親無別、心存平等，謂之「捨」。所以，修四無量心也是我們成就佛國淨土的重要因素，也是眾生修佛國淨土的一個重要的修行方法。往這個方向去修，當修成佛的時候，成就慈悲喜捨的眾生，會被接引到佛國。

【四攝法是菩薩淨土，菩薩成佛時，解脫所攝眾生來生其國】四攝法，第一個是布施攝，即能惠施於人。布施包括法布施、財布施、無畏布施；第二個是愛語攝，即能以愛心愛語給人以歡愉或開心，讓別人感覺溫暖和安全；第三個是利行攝，即以各種善行給人以方便為人創造利益；第四個是同事攝，即眾生是分類的，有不同的根性和品性，根據不同的人，隨機地止惡揚善，引人走向正途。

所以，修四攝就是在修菩薩淨土，四攝修好修圓滿，則淨土中又有一大塊變得清淨，更接近於佛淨土。如果四攝修得好，真正修圓滿成佛的時候，所有在修四攝法的眾生（即解脫所攝之眾生）就會被接引生來佛國。

這裡再強調一下，為了這樣那樣的一類人而修的佛國淨土，最後的所有利益還是歸到自己這裡，自己的佛國才是真正清淨的極樂佛國，這稱為「以其無私而成就其私」，這是大乘的修行法——大乘菩薩的修行之路。

【方便是菩薩淨土，菩薩成佛時，於一切法方便無礙眾生來生其國】方便即方便法門，是指有眾多接引眾生的手段方法，能破除他們各種煩惱，能療癒他們各種疾病，能滿足他們各種需求。當修有所成時，一切修方便無礙法的眾生都會被吸引來。

【三十七道品是菩薩淨土，菩薩成佛時，念處正勤神足根力覺道眾生來生其國】三十七道品說的是修佛的正修行應該從何處起修。三十七道品也稱為「三十七菩提分／三十七覺支」，即追求智慧、悟道成佛的三

十七種修行方法。三十七種修行方法，分成七大類：

第一類是「四念處」（身念處、心念處、受念處、法念處）：四念處是所有要修行成佛的人最基本的修行方法。

第二類是「四正勤」：第一個是未生惡令不生，要勤奮地去修這四個未生惡令不生；第二個是已生惡令永斷；第三個是未生善令善生；第四個是已生善令增長。

第三類是「四如意足」：這是在前面兩大類的基礎上，第一個是欲如意足；第二個是精進如意足；第三個是心如意足；第四個是思維如意足。如意足即定，四如意足即四種定境，是在四念處／四正勤的基礎上，能得到四如意足這樣「定」的狀態。

第四類是「五根」：五根（信根、精進根、念根、定根、慧根），前面的四念處／四正勤／四如意足都修好了，後面五根才能漸漸具足。

第五類是「五力」：五根具足則產生「五力」，這些都屬於三十七道品。五力對應五根，即五根具足後產生五種正向的力（信力、精進力、念力、定力、慧力）。五個朝著建立佛國淨土這個巨大目標前進的推動力，即是五力。

第六類是「七覺支」：第一個是擇法覺支；第二是精進覺支；第三個是喜覺支；第四個是除覺支；第五個是捨覺支；第六是念覺支；第七個是定覺支。把前面六類都修好了，到最後就會得第七類。

　　第七類是「八正道」：即正見、正思維、正語、正業、正命、正精進、正念、正定，八正道修好了，也就成佛了。

　　所以，三十七菩提分／三十七道品就是成佛、建立佛國淨土、得圓滿大智慧的三十七種修行方法。這三十七個修行方法是任何學佛的人必須學的共性，必須得按照這來修，才是正路。所以，菩薩是發了阿耨多羅三藐三菩提心的一個眾生，想修成佛道，想建立佛國之淨土，就得按照前面說——直心、深心、菩提心、四無量心、四攝法、六度、方便、三十七道品來修行，一步一步都修成了，佛國淨土就在一步一步的構建，差一步都不行。

　　當然，如果選擇一個來修，一門深入也可以，但最後一通百通，可以修直心或修深信，要麼修菩提心修六度或修方便，選其中一門都可以，這都是在構建佛國淨土。當修三十七道品修有成就，菩薩成佛時，念處、正勤、神足跟力覺道眾生，他們都會來生其

國，佛陀都會把這些眾生接引而來。

【回向心是菩薩淨土，菩薩成佛時，得一切具足功德國土】回向心，粗略可分三種：第一種是回己功德普惠眾生，即我所建的所有功德都實惠於眾生，普惠於眾生，我不是為了自己來修的功德；第二種是回己修行上求菩提，我的所有的刻苦勤奮的修行是為了得到阿耨多羅三藐三菩提心經即正等正覺，得到佛的圓滿大智慧；第三種是回己智慧但求實際，是在現實中，在我求佛這條路上實實在在的都能應驗，即回求實際。

回向心有功德、修行、智慧，這三種回向。所以說「修回向心」，就是菩薩成佛時就能得到一切具足功德的佛國淨土。這個是前面寶積提的問題——我們有什麼方法能得到最終的佛國淨土，佛陀在這裡清楚地闡述了具體的方法。

【說除八難是菩薩淨土，菩薩成佛時，國土無有三惡八難】三惡（即指三惡途／三惡趣／三惡道）：地獄、餓鬼、畜生。八難：生於地獄、餓鬼、畜生道，這是三難。

第四難是生於佛前佛後而不得見佛聞法，即佛出生的時候你不在，你見不著佛，聽不著佛跟你講真正的正法。

　　第五難是生於長壽天而障於見佛聞法，即生在長壽天的天人，天天衣食無憂沒有煩惱，但是佛不在長壽天，一旦見不到佛不能得聞正法，等長壽福報盡了，該下地獄下地獄，又得重新來過，只有擺脫三界（即是火宅）之苦，才能永得開心快樂。

　　第六難是生於北俱盧洲（註），貪圖眼前的快樂而不喜聽聞佛法。北俱盧洲人的特點是長得又高大又美貌，有很好的福報，天天尋求物質的快樂，身心愉悅，被欲望所牽引，不斷地損耗自己的福報，沒有心思聽聞佛法，這是為什麼？佛法是教我們怎麼離苦得樂，但對北俱盧洲的人來說，他沒有苦，他天天都在享樂，他就不需要學佛法，所以這也是一難。這裡最關鍵的就是什麼？在北俱盧洲也是有壽命的，生有生之苦，死有死之苦，雖然生死之間的這個過程感覺挺快樂，但是他破不了生死，死後福報盡了，又繼續下

＊註：北俱盧洲，梵語，在婆羅門教與佛教的世界觀中，欲界以須彌山為中心，在須彌山的外圍有四大部洲，包括東勝神洲、西牛賀洲和南贍部洲，而北洲為北俱盧洲。

地獄和惡鬼等輪迴，在短暫的過程中享樂，不能聽聞佛法，這也是一難。

第七難是身患盲聾病啞，諸根不具，不能見佛聞法，有一生下來眼睛有問題而看不見佛的，耳朵是聾的聽不見佛法，有缺有漏也是一難。所有的「難」都是指不能聽聞佛法。

第八難是生而極富，世智辯聰，卻喜外道邪術，而不信佛道正法。即很聰明，衣食無憂，不用為生活去奔波，但心思和時間都不用在正途，一聽到正經佛法就受不了，特別喜歡邪魔外道，神通外顯，這也是一難。如果我們在修行過程中除掉三惡八難，當我們成佛時，我的國土當中將不會有三惡八難，因為在我心裡已經除掉了，外面的世界絕不會出現。

【自守戒行、不譏彼闕是菩薩淨土，菩薩成佛時，國土無有犯禁之名】即自己能嚴守戒律及按律修行，但是同時又不譏諷嘲笑其他有過失的修行人，這也是一種修行，當修成佛時，佛國淨土中將沒有不守紀的人，來佛國的人都非常自律，不自律的人來不了。

【十善是菩薩淨土，菩薩成佛時，命不中夭，大富

梵行，所言誠諦，常以軟語，眷屬不離，善和諍訟，言必饒益，不嫉不恚，正見眾生來生其國】何為十善？十善對應十惡，從我們的身口意所為之的十種惡行叫「十惡」。十惡：殺生、偷盜、邪淫、妄語、兩舌、惡口、綺語、貪欲、嗔恚、邪見。遠離十惡的行為即是十善。我們在現實生活中要嚴格要求自己，隨時感受自己是否在十惡中，例如：思考哪些是自己習慣性的不自覺的行為？然後要止惡揚善，遠離十惡。

所以在修佛國淨土的過程中，從十善起修，要求自己遠離十惡。當修成佛時，佛國淨土中將不會有夭折的、病患的，而是非常富饒，特別清淨，大家都很誠懇，都是直心，沒有爭鬥、衝突、怨氣、恨，都是成人之美。而這樣持正見的眾生會彙集到我的佛國淨土。到這裡時，整體呈現了一個非常理想的烏托邦式美好場景。為什麼我們所有修行人會嚮往走上修行這條路？因為這就是修行的目標：

我們想到好的地方去；

我們想要這種福報；

我們想要的快樂是長久永恆不斷的。

但要達到這個目標，應該如何修行？佛陀在這裡對寶積以及五百長者子，包括與會的大比丘、大菩

薩、輪聖王、天龍八部之類，就在講述應該如何修這
個道及遵從的道理。到此，佛陀把修行的整個過程，
包括修行的方法，都詳細給大家講一遍。

第六節　成就佛土清淨的層次及順序

　　「如是，寶積，菩薩隨其直心，則能發行；隨其發行，則得深心；隨其深心，則意調伏；隨其調伏，則如說行；隨如說行，則能回向；隨其回向，則有方便；隨其方便，則成就眾生；隨成就眾生，則佛土淨；隨佛土淨，則說法淨；隨說法淨，則智慧淨；隨智慧淨，則其心淨；隨其心淨，則一切功德淨；是故，寶積，若菩薩欲得淨土，當淨其心；隨其心淨，則佛土淨。」

　　這一段是呼應《維摩詰經》非常重要的思想觀點：「隨其心淨則佛土淨。」佛土外在的環境，沒有淨與不淨之分，主要看自己的心淨與否。這裡強調的是：為什麼我的心清淨了，我所居的國土即外在的環境，一定會清淨。

　　【如是，寶積，菩薩隨其直心，則能發行；隨其發行，則得深心；隨其深心，則意調伏；隨其調伏，則如說行；隨如說行，則能回向；隨其回向，則有方便；隨其方便，則成就眾生；隨成就眾生，則佛土淨】前面一直說

要從直心開始起修，直心就是不走諂曲心，真正的修了直心，就沒有妄想，沒有妄想就沒有妄作，這時候心就能專注於發行上。

「發行」是什麼？即是發願修行，也稱發心行願。如果心不直，天天都在妄想妄作，必是為物欲所牽，這個狀態下是不可能發出真心來修行的。例如天天想法都很多的人，時刻在諂曲中，今天想奉承這個人，明天想取悅公眾，後天又想取悅自己，怎麼可能發心修行呢？所以，修直心之後才能真正的發心修行。當真正發心修行到一定階段，功德智慧就會愈來愈深，這樣就能得到深心，也即是對自己內心觀照愈來愈深，當面對自己愈來愈深，對自己認知也就愈來愈深。當修到一定深度，就能調伏自己的意識和妄念，就能調伏妄心，就能克制妄想，繼而調和自己的行為，不妄行了。

只有做到以上的各種，才能做到行由心發──心真正想做什麼，它才能發出正確的（沒有扭曲和障礙的）指令，待接收後，才能做到身心一致。

《金剛經》裡講：「應如是降伏其心」。《維摩詰經》裡直接告訴我們，如何降服其心，就是要直心深心發行，按照這些方法修，自然就可以調伏妄心，

當調伏妄心的力度愈來愈強大，就能做到心清淨，即可做到「如說行」，言行一致。當做到言行一致時，自然就能生髮（註）出回向心，才有資格把自己的三回向（功德、修行、智慧）回向給眾生。

　　為什麼這麼說？如果自己妄心沒被調伏、心不清淨、做不到表裡如一，也就是說修行不到位，沒有智慧的，天天發回向是沒有用的，都是假的。所以，要修做到「如說行」的時候，才有資格回向，不斷地回向後，就有方便的手段——即有神通，方便就是神通。心清淨，智慧就會升起（這裡還不是佛的無漏圓滿大智慧），當我心清淨，我本能的功能妙語妙用，自然就會生髮出來。這個階段的我就有神通了，才有資格來成就眾生，以成其美，以成其善願。

　　當把這些眾生都成就了，以此來接引他們來到佛土。這裡成就的是發阿耨多羅三藐三菩提心的菩薩眾，在求得無上正等正覺的路上有所成就的眾生來到佛國，這樣我的國土會愈來愈清淨。

　　【隨佛土淨，則說法淨】 在這個狀態下，所有來我

＊註：生髮，佛說語，指佛法就像光明普照，萬物生髮，是太陽的功德使萬物生髮，是佛回向給眾生。

佛土的眾生都是很清淨的，說出來的法，甚至隨便說出來的話，都是清淨的。

【隨說法淨，則智慧淨】心愈清淨，說和行愈清淨，智慧流露得就愈圓滿；反過來，智慧愈通達愈圓滿，我的心就愈清淨，這是一個正向的良性循環迴圈，也就是唯心淨土。

【隨其心淨，則一切功德淨；是故，寶積，若菩薩欲得淨土，當淨其心；隨其心淨，則佛土淨】當我心淨下來了，一切皆淨；外面如有不淨，是因為我心不淨；外面的環境汙穢惡劣，是因為我的心是這樣的緣故；當我的心完全淨下來時，外面的一切環境都會淨下來。

上述的觀點及如此強大的邏輯，是佛陀給我們指明修行的方向：佛國淨土是永恆美妙的安樂，要修得這樣的佛國淨土，我們心要先淨下來。當心淨了，不管在哪裡，都是清淨的佛土；而非我到清淨的佛土後，我的心就淨下來了。也許有人會說：「我們身處五濁惡世娑婆世界，我周圍都是惡人，都是惡山惡水，我的心沒法淨。」如此思考就錯了反了！外面的

環境不會改變我們的心，反而是心淨下來了，外面的環境自然就淨下來了，這是唯心淨土。

如果我們覺得應該要到外面哪個世界去創造一塊一塊佛國淨土，其實這些想法都是不對的，且不可以的！因為佛陀明白地指出，唯有我們向內修，只有從自己心裡起修，不用管外面的環境。因為外面的環境一定會因著我們的心變化而變化，所以我們真正要修的佛國淨土是在自己內心中去打造它，並且從直心開始修，到深心、菩提心、修布施、十戒、忍辱、精進、禪定，然後我們要修智慧、修四無量心、修四攝法、修方便、修三十七道品、修回向心，在心中除八難、修十善，不斷地淨化自己，進修自己。當把這些都修成之後，就會發現：我所在處恆安樂，我在哪裡都是淨土。

所以，這一段是《維摩詰經》裡面非常重要的一段，也是修佛的人要非常注意的。

眾生都想修成佛，都想得到正等正覺，得到圓滿的大智慧。修佛不是從打坐中來，也不是念佛念出來的。僅僅是一念覺，都必須按此步驟修行，真正的一步一步的勤修苦練，真正的面對自己，改變自己的內心，按照正確的方法一步一步的往後走，才有可能修

成佛。

　　而且，修行的過程中一定是步步皆有驗證，但從哪裡開始驗證？就從生存環境中就會有所驗證。我們為什麼會生在五濁惡世？我們為什麼會生到戰亂的地區？我們為什麼會生在了窮山惡水之處？隨著我的修為，我周圍的環境是否會有所轉變呢？其實「相由心轉」，相就是我們所接觸的環境，是會隨著我們的心轉變而轉變的。所以一定要好好地理解和領悟《維摩詰經》這一段精髓，因為這在佛法中是最現實的，也最落地的。這裡沒有一句故弄玄虛的話語，直接就告訴我們修行的正確方法。

第七節　佛陀以神通示現嚴淨佛土

「爾時，舍利弗承佛威神作是念：若菩薩心淨，則佛土淨者，我世尊本為菩薩時，意豈不淨，而是佛土不淨若此？佛知其念，即告之言。於意云何？日月豈不淨耶？而盲者不見。對曰不也，世尊，是盲者過，非日月咎。舍利弗，眾生罪故，不見如來國土嚴淨，非如來咎。舍利弗，我此土淨，而汝不見。爾時，螺髻梵王語舍利弗。勿作是念，謂此佛土以為不淨。所以者何？我見釋迦牟尼佛土清淨，譬如自在天宮。舍利弗言：我見此土，丘陵、坑坎、荊蕀、沙礫、土石諸山，穢惡充滿。螺髻梵言：仁者心有高下，不依佛慧，故見此土為不淨耳。舍利弗，菩薩於一切眾生悉皆平等，深心清淨，依佛智慧，則能見此佛土清淨。於是佛以足指按地，即時三千大千世界，若干百千珍寶嚴飾，譬如寶莊嚴佛無量功德寶莊嚴土，一切大眾歎未曾有，而皆自見坐寶蓮華。佛告舍利弗，汝且觀是佛土嚴淨？舍利弗言：唯然，世尊。本所不見，本所不聞，今佛國土嚴淨悉現。」

【爾時，舍利弗承佛威神作是念：若菩薩心淨，則佛土淨者，我世尊本為菩薩時，意豈不淨，而是佛土不淨若此？】這一段，講述佛回答舍利弗提出的問題。這個提問在佛法中是比較淺顯的初級問題，而舍利弗是佛陀弟子中智慧排第一位的，從舍利弗修行的深度來說，這個佛理他理應知道，說明這個問題不是他內心中真正的疑惑。

尤其是這裡只是以舍利弗為緣起，「舍利弗承佛威神作是念」不一定是他的疑問，他是代表初修之大眾（例如初地菩薩／五百長者子）提出的。這些剛發心修行的初地菩薩，還提不出這樣的問題來。前面說佛陀講法必得有緣起，舍利弗感受到佛要給初地菩薩講這些佛理，於是由舍利弗做緣起的角色，代這個五百長者子提問道：「剛才佛祖不是強調淨土是唯心淨土，心淨則佛土淨，既然這樣，我們所在的國土——娑婆世界（這也是釋迦牟尼佛的淨土），釋迦牟尼佛的心是很清淨的，這個佛土應該隨著釋迦牟尼佛的心而變化，怎麼還是如此齷齪惡劣、汙穢不堪呢？如果「若菩薩心淨，則佛土淨者」這個理是對的，難道是佛祖在還沒有成佛時，即他為菩薩時的心不淨，有很多的汙穢，所以現在的娑婆世界才如此汙穢不堪嗎？

」這是舍利弗提問的大意。

【**佛知其念，即告之言。於意云何？日月豈不淨耶？而盲者不見**】佛是無漏大神通，即他心通（舍利弗還沒表達出來，佛已經知道舍利弗在想什麼），馬上告訴他說：「你清楚嗎？日月（太陽、月亮）光明潔淨地懸掛著，但不是所有人都能看見它，那麼，日月的光明潔淨是在還是不在呢？光明都在那裡，但是盲人是看不見的。」

【**對曰不也，世尊，是盲者過，非日月咎**】但上述的回答並沒有解開舍利弗心中的疑惑，所以他接著問：「不是這個道理啊！世尊，看不見日月的光明，過錯不在日月，日月該存在還是存在，但因為盲者沒有睜開眼睛或他的眼睛有問題，他看不見是他的問題，而不是日月的問題。」這裡，釋迦牟尼佛祖用「日月和盲者」來比喻什麼？日月代表外在的存在，盲者代表每一個眾生的內心；外在的存在是潔淨還是光亮，能否看到／感受到，在我的世界中是否真的出現，不取決於外在；眾生所感知、看到、聽到的世界，僅取決於他自己。換句話說，眾生所看到的外部

世界並不是世界的全部，僅僅是眾生能看到的或是想看到的——我能看到我的內心深處想看到的部分，如果我不想看的時候，外面再潔淨光明，我什麼也看不到。這一段話說的就是這個道理，要好好領悟！

　　然而，舍利弗沒有明白這其中的深意，所以佛祖繼續開示。

　　【舍利弗，眾生罪故，不見如來國土嚴淨，非如來咎。舍利弗，我此土淨，而汝不見】其實，任何的一個佛土，它都有淨和不淨——世間存在的任何有形之物，必然由兩個面向所構成，這是宇宙自然萬有之規律。佛國也是一個太極，是完整的有形之物，必須符合陰陽的定律：陽的一面是完美、光明、潔淨；陰的一面是不完美、黑暗、汙穢，這是客觀存在。眾生到了佛土，他能感受到佛土的哪一面是眾生自己的問題，而任何佛土必然包含了陰陽兩面：內心純淨、美好的眾生到任何的佛土，感受到的都是佛土純淨、美好的一面；內心若是黑暗的、業障深重、汙穢的眾生到任何佛土，感受的一定是佛土最黑暗、汙穢的一面。

　　於是，「舍利弗，眾生罪故，不見如來國土嚴

淨」用來表示任何一個佛土，不能說佛土就是淨土，外在的客觀有形之物都不能用「一」來表達，佛土也是一樣。只有多次元空間（即用心來體現的實相／實體）才能用「一」來表達。

心為主體時，即沒有二元對立，既沒有美好、潔淨、光明，也沒有黑暗、汙穢，連這些概念都沒有，那是到了「一」的境界——成佛的境界。但當我還不是佛，就會有分別，分別心一起則必落入二元世界，二元世界一定是相對的——美和醜是相對的，光明和黑暗是相對的，純淨和汙穢是相對的。所以說在二元世界中不可能脫離二元之物，兩個要素都存在。所以，如果佛國淨土在現實中存在，就一定有兩面性，有陰有陽，它是對稱的。因此不能說：佛國淨土只有好的光明純淨的一面。

那麼，佛國淨土到底是淨還是不淨呢？它只是一種存在，一種客觀的存在。而我認為的佛國淨土淨與不淨，這跟佛國淨土本身沒有太大關係——我是什麼，我感受到的佛國淨土就是什麼——如果我內心是光明的，我感受到的佛國淨土就是光明的；如果我內心是黑暗的，我感受到的佛國淨土就是黑暗的，但是，佛國淨土不會因我的感受而變化。我心中如果是

黑暗的，我走到哪裡都是黑暗的，就是這個道理。我認為的世界不是所謂的客觀存在，是我對世界的感知與認同（或者說是我個人內心的一種投射）——我的心是什麼樣子，我看見外面的環境／人就是什麼樣子的。

【爾時，螺髻梵王語舍利弗】這時，佛祖跟舍利弗講完，舍利弗好像還是不太明白，於是大梵王又給他解釋了一下。

【勿作是念，謂此佛土以為不淨。所以者何？我見釋迦牟尼佛土清淨，譬如自在天宮】螺髻梵王對舍利弗說：「你不可以說釋迦牟尼佛的佛土是不淨／汙穢的／黑暗的。」為什麼呢？因為在螺髻梵王眼中的釋迦牟尼佛的娑婆世界是非常清淨的，他就像自在天王的宮殿（在色界第四禪天的主神所居住的地方，稱為「自在天宮」），是非常的豪華、潔淨、金碧輝煌的。

在這裡，螺髻梵王已經修行到很高境界了，舍利弗是代表初地菩薩，螺髻梵王和舍利弗他們在同一個世界，但是他們看到世界的感受完全不一樣。

【舍利弗言：我見此土，丘陵、坑坎、荊棘、沙礫、土石諸山，穢惡充滿】在舍利弗眼中，這個世界充滿了坎坷不平，到處有丘陵、荊棘、沙礫、土石等，充滿骯髒、汙穢；與螺髻梵王看到的清淨佛土完全不一樣。這裡說的他們「同一個世界」是客觀存在的世界（所謂客觀存在即是沒有變化的），兩個人同在這一個空間內，他們各自看到不同是景象，那是因為他們二人的心和修為不同：螺髻梵王內心是清淨的，他修的是心地，所以佛法也稱為「心地法門」，在心地上去打造形體，修出了自在天宮這樣的道場。那麼，他不僅僅是在娑婆世界如同自在天宮；哪怕到了極樂世界，他也是自在天宮；就算他下到最深層地獄，在他眼中也不是地獄，而是自在天宮。但對舍利弗這樣的初地菩薩，因為他心裡面有障礙、業力，呈現出來的就是汙穢、黑暗、煩惱、痛苦。他的心是這樣的，無論他走到任何地方，如極樂世界，他所看到極樂世界和娑婆世界看到的是一樣的，都是黑暗汙穢的，這就是「心地法門」。

《維摩詰經》開示的重要觀念，就是讓眾生明白：不要求外在的環境改變來適應自己，讓自己更舒

服。而是要修心地法門，在自己心裡破除障礙、修十善。就像前面所說的，先從直心開始修，然後深心、菩提心、六度、四攝、三十七道品等，這樣一步一步來修，讓自己的心清淨、光明，讓自己內心一塊一塊變完美，那麼無論走到任何地方，哪怕下地獄或者身處畜生道 (註) ，那都是自在天宮。

【螺髻梵言：仁者心有高下，不依佛慧，故見此土為不淨耳】 仁者，是大梵天王對凡人的尊稱。這裡「仁者」是從《維摩詰經》提出來的，就是現在所說「仁兄賢弟」，代表一種尊稱。仁者心中有不平等、有坑、有高下之分，那麼看到的外在環境都是丘陵、坑坎；外面也有平坦的大草原，當仁者的心如佛的摩訶般若大智慧、高境界——心無分別、無高下、無坑坎、平等、佛慧佛心平等，則看世界時就沒有丘陵坑坎了。而這一切取決於仁者心的狀態。

【舍利弗，菩薩於一切眾生悉皆平等，深心清淨，

---

*註：畜生道，佛教用語，是佛教六道輪迴中的一道。指的是飛禽走獸、蜎蠕蟲蟻等所有實存動物，亦包含龍等俱動物外型的傳說生物，與地獄道、餓鬼道合稱三惡道。

依佛智慧，則能見此佛土清淨】菩薩即修行的眾生，他修的是一顆平等的心，當菩薩的心真的修到一切眾生皆平等時，他所居住的任何世界，一切都是平坦直鋪的大道（稱為「通途」）。所有外在的障礙，都是人類內心人格的投射，如果內心能夠接納一切眾生，內心一切眾生都是平和相處的，那麼在現實中一定不會感召那些害人的、衝突的、殺戮的人在身邊，這些事不可能發生在自己身上。

這裡並不是說世界沒有衝突、沒有傷害，而是世界再多的殺戮與衝突與我無關，為什麼？因為我的心是平等的／平靜的／清淨的，外在呈現的是這個狀態，這是一種佛力。先是能平等，然後身心清淨，向著佛的智慧不斷地趨近，再隨著修行層次的深入，則能見此佛土清淨。當眾生的修行深度更進一步，道行深了，再看同樣的世界（客觀世界沒有任何變化），在其眼中已經不是五濁惡世，而是清淨的佛世界。

此時，舍利弗還是沒聽明白，佛祖看跟他講理已經講不清楚，他也聽不明白了。怎麼辦？

【於是佛以足指按地，即時三千大千世界，若干百千珍寶嚴飾，譬如寶莊嚴佛無量功德寶莊嚴土，一切大眾

歎未曾有，而皆自見坐寶蓮華】這時候，釋迦牟尼佛祖只有顯神通了，於是腳踏大地，一下就有了變化——頓時就感覺無以計數的奇珍異寶裝飾的三千大千世界就顯現在大家面前，極其富麗莊嚴，金碧輝煌，就好像用無數的功德寶物裝飾起來的莊嚴佛土。一切與會大眾都讚嘆不已，並發現自己都端坐在蓮花寶座上，一下都感受到了。佛祖想讓大家感受的是：同樣的一個佛土有其另外一面。

【佛告舍利弗，汝且觀是佛土嚴淨？】佛問舍利弗：「你看這個佛土是不是富麗莊嚴與純淨？」

【舍利弗言：唯然，世尊。本所不見，本所不聞，今佛國土嚴淨悉現】於是舍利弗說：「當然，世尊，原來真的是這樣子的，我從來沒見過，也從來沒聽說過還有這麼莊嚴、純淨的佛土，今天我全都看到了，太震撼了。」

講到這裡，大家是否心存疑惑——這是怎麼回事？到底我們的娑婆世界是莊嚴純淨的？還是五濁的惡世？舍利弗看到的是五濁惡世，而螺髻梵王看到的完美的、光明的、純淨的、莊嚴的佛土，然而釋迦牟

尼佛祖給大家顯神通，展示的佛土是更加莊嚴、純淨，比螺髻梵王所描述的還莊嚴、潔淨、富麗堂皇，這到底是為什麼？我們的娑婆世界到底是什麼樣子的？

　　其實，娑婆世界是一切具足的，上面描述的面向都有。任何一個世界都是立體多面的，它都不是只有一個面向的。就像一個立體的物體，有下面和上面，有左面及右面，有前面跟後面：有光照的一面，它的另外一面就是黑暗的。任何的一個形體、任何一個人都是有多面，任何一個世界也是有很多面。例如，當我描述面前的一個立體物體時，只能用我眼前看到的一面來描述，因為我只能看到它的一面，其他面我看不到。這樣描述的物體，都是一個片面，不是物體的全部。這跟我們如何看待一個人或者一個世界是一個道理。我們看一個世界／一個人也是一樣，只能看到一面，我們看到的那一面是光明的？還是黑暗的？是美好的？還是醜陋的？這一切取決於我想看哪一面：我內心是黑暗的，我看任何物體一定會看到黑暗的一面；我內心是醜陋的，我發現幾乎所有人都很醜陋，因為我只能看他這一面；當我內心光明時，我看到的世界一定都是光明的一面。

那麼，這個世界有變化嗎？汙穢黑暗的五濁惡世，在佛祖腳踏大地一瞬間就變成莊嚴的佛淨土，這是怎麼回事？是佛祖讓這個世界變了嗎？不是的，這個道理一定要清楚：佛祖沒有讓客觀的娑婆世界有任何變化，這個世界還是一樣沒有變化，但是佛祖能改變什麼？佛祖能改變參與法會的所有大眾的心。為什麼眾生看不到莊嚴、光明、珍寶，是因為他們的心被業障深深的遮蔽了，看不見了。

　　當每個眾生眼睛向外看時，如果自身業障深重，當透過層層的濃霧看出去時，看到的都是扭曲的事情：珍寶在扭曲後變成惡劣的山石、不長樹不長草；美妙的、柔軟的、莊嚴的美景變成荒涼的沙漠、荊棘遍地。佛祖的神通力能改變眾生的心，但是佛祖再有神通，也不可能把眾生的業障給消滅掉，只能短暫的把遮蔽著眾生心田的烏雲吹散，待烏雲散去，陽光透射到每一個眾生的心中，瞬間光明了，打開了心眼，一下子把心中業障驅散了，所有與會大眾的心變了，障礙破掉，其眼中看到的世界立馬就變了。其實每一個人的內心深處都有光明、莊嚴、無盡無量的珍寶、巨大的財富存在。

　　不過，這裡要注意，雖然大家看到的都是莊嚴潔

淨的佛國淨土，但每一個人描述出來的佛土都是不同的，絕不可能有看到完全一致的佛土，這就是說每一個人內心的迷霧驅散後，他所呈現的光明內心各有不同，他感受到的佛國淨土也是不一樣的。

這裡必須再次強調，可不是佛祖一伸腳踏大地，就變成莊嚴的佛淨土了！要是這樣，請佛祖大發慈悲，直接腳一踏大地，讓整個娑婆世界變得美好，讓大家在裡面享受，何苦要修行呢？甚至為什麼還有人生活在地獄中呢？

其實，面對上面問題，即便佛有再大威力也做不到。

佛有幾點做不到：

佛不能消除眾生的業力；

佛度不了無緣之人；

佛度不了不信的眾生；

佛陀一展神通，把大家的心打開一個光明的缺口，陽光投射進來，讓大家瞬間看見了，這只是暫時驅散，這是一種教化——顯示神通的方便教化。

佛為什麼要顯示神通方便？就是讓大家看一看，如果按照佛陀上述方法，從直心、深心、菩提心、三十七道品一直修，內心真的修得純淨，心之所在的任

何地方都是佛國淨土，這種美妙莊嚴清淨的佛國淨土將永恆存在。

　　至於佛陀在這裡使用神通手段，並非要炫耀自己，其所用盡一切方式都只是為了教化眾生。這樣一來，對舍利弗來說極其震撼：原來佛國淨土真的是如此清淨，如此莊嚴美妙，真的是自己有問題。

第八節　唯心所變，唯識所現，唯心所造

「佛告舍利弗：我佛國土，常淨若此，為欲度斯下劣人故，示是眾惡不淨土耳。譬如諸天，共寶器食，隨其福德，飯色有異。如是，舍利弗，若人心淨，便見此土功德莊嚴。當佛現此國土嚴淨之時，寶積所將五百長者子，皆得無生法忍；八萬四千人，皆發阿耨多羅三藐三菩提心。佛攝神足，於是世界，還復如故。求聲聞乘三萬二千，諸天及人，知有為法皆悉無常，遠塵離垢，得法眼淨。八千比丘，不受諸法漏盡意解。漏盡意解，證阿羅漢果，有為法，唯心淨土。」

【佛告舍利弗：我佛國土，常淨若此，為欲度斯下劣人故，示是眾惡不淨土耳】其實佛國淨土一直都是這樣莊嚴純淨美妙。示現眾惡不淨，好像是佛為了度化下根劣根之人才顯現了這些，其實不然，佛不會起心動念為度化誰而安排他的佛土，佛本自清淨，不會和任何眾生去攀援，他不會為了任何人做任何事情，這一切只是一種呈現和展示。

佛一切本性皆具備了即佛什麼都有（好的全都

有，壞的也全都有），因此不能理解為何本性都具備就只有光明，沒有黑暗，這是不對的。所謂「具足」的意思是既有光明又有黑暗，既有美妙又有汙穢。佛的本性，是佛的心幻化（投射）出來的。所以，佛的本性具足，佛所居住的佛土（他的身體）都是有形之物，也一樣會具足。既然是具足就有光明有黑暗，有美妙有惡劣，不然他就不是佛了。

而居於佛土內的眾生，感受到佛土的美妙光明清淨還是汙穢黑暗，還是五濁惡世的惡相，全憑自己感覺。佛不會為了誰去改變他的佛土世界，這一點必須深刻理解。所謂的度化，是想要昇華圓滿自己，首先得瞭解自己內心的境界和狀態，就像知道人生處在哪個座標點，才知道應該往哪個方向努力。人生最可怕的是迷惑著不知道自己在哪，該往哪裡去。

為什麼要讓眾生看見所在的世界的樣子？因為我們所看到的世界和我們的內心是相對應的，通過看外面世界的樣子，藉此來瞭解自己內心的真實狀態及所處境界，如此一來就可以起修——任何變化都可以從我看到的世界來觀察，我觀察到的世界變了，和相處的人變了，其實就代表著我的內心在變化。所以，這個道理及原則必須清楚掌握。

在這裡花費了較大的篇幅來闡述——唯心所變，唯識所現，唯心所造。所有外面的世界、我所身處的環境，我接觸的人，這是唯心所造；我的五識來感受它，這是唯識所現。《維摩詰經》就是說明這個道理。

　　【譬如諸天，共寶器食，隨其福德，飯色有異。如是，舍利弗，若人心淨，便見此土功德莊嚴】這裡打了個比喻，諸天人同在一個寶器中吃飯，即在天人和凡人面前，放上同一樣的碗和同樣的飲食，但因為人的智慧和功德有差異，也就是他的修行和內心清淨的程度有差異。天人和普通凡人看碗裡的飯是不同的：他倆看到的這個碗不同，他倆看碗裡的飯也是不同的，所以舍利弗看國土的清淨與否也是一樣道理。這些天人、大梵王、惡鬼、地獄眾生、阿修羅都生活在同樣的世界中，但是每一種生命體所看到世界是完全不同的。如果內心清淨，那麼看到的諸佛國土一定是功德具足和莊嚴清淨的；如果內心是汙穢、混濁的，那麼看到的佛國淨土一定是汙穢的那一面。所以佛一再地跟舍利弗講這個道理。

【當佛現此國土嚴淨之時，寶積所將五百長者子，皆得無生法忍；八萬四千人，皆發阿耨多羅三藐三菩提心】當佛呈現出佛土的莊嚴美妙清淨時，寶積所率領的五百個長者子同時獲得了證悟諸法不生不滅的智慧，這叫做「無生法忍」。這裡說五百個長者子得無生法者，即那一刻證悟了，得諸法不生不滅的智慧，他們就這樣成菩薩了嗎？是，他們在看到那一瞬間便成了菩薩。然而轉瞬即逝，當業障現前，他又不是菩薩了，又回到凡人的狀態。所以剛才一再強調，佛祖改變的不是外面的世界，而是改變了眾生的心，也即五百長者子的心在那一瞬間因業障驅散，他們得無生法忍，心一下子清明了。但這僅僅是一瞬間，佛陀通過佛力驅散了眾生內心中的障礙，但也僅僅只有那一瞬間，讓大家感受開智慧的感覺——那種美妙與親近，當眾生感受到了這一瞬間，就會心生嚮往之。

要不然，寶積代表長者子會疑問：「修行有什麼好處？我們修行圓滿了，我們也有我們的佛國淨土，這個佛國淨土對我們有什麼好處？和現在有何不同呢？」佛這時候就得讓他們看見修成佛國淨土後的好處：如果心清淨了，走到哪裡都是在那美妙莊嚴的佛國淨土中，能感受永恆的快樂，但是這種感受不是自

己修煉得到的，如果修行得道所得，那這種感受是永恆的。在業障還沒有消除，沒有真正的變成正見，還是充滿了邪見惡業，一瞬間又會打回原形。

　　於是與會的各類眾生看到以後，真的都發阿耨多羅三藐三菩提心修行之。那麼，佛祖目的已經達到了。

　　【佛攝神足，於是世界，還複如故】 佛收回神足，世界一下子回到原來的樣子了，每一個人恢復了正常，瞬間打開的心門又關上了。當心沒變、業障沒清除，普通人回到以前的樣子，看到的該是五濁惡世還是五濁惡世，該是自在天宮還是自在天宮。這裡，通過佛陀展現的這一切，讓大家知道我修行以後能得到什麼，能達到那美妙的境界，點到為止就可以了。

　　【求聲聞乘三萬二千】 聲聞乘，即聽聞佛之聲而悟道得解脫的人。相對於菩薩乘而言，聲聞乘屬於小乘。「聞」門內有耳，不是我的耳朵聽到了，而是我心聽到了。求聲聞乘三萬二千，即是我想天天聽佛講經說法，以此悟道解脫，心生歡喜。

【諸天及人，知有為法皆悉無常，遠塵離垢，得法眼淨。八千比丘，不受諸法漏盡意解。漏盡意解，證阿羅漢果，有為法，唯心淨土】漏盡意解，是指斷除一切煩惱，以此來證得阿羅漢果。這裡，整個世界恢復了，與會三萬二千小乘眾，包括諸天及人都能了悟一切有生滅，是變化無常的。實質上，外界沒變，是因我們的心變了，現實的環境、事業、外境、所接觸的人事物也都因此變化。所以，當知道這個道理之後，當下除斷一切煩惱，就能得清淨法眼，證得佛果。不過，要證得佛國正果沒那麼簡單，因為不是說佛給我們講講道理，讓我們看看神通變化，看到了佛國淨土的莊嚴美妙，立馬證得這種佛果，那是不可能的。這裡只是將眾生領進門，並由此機緣開始修行，走上修行之路。而另外，與會的八千比丘也舍去了一切的執著，斷除一切煩惱禍障而證得阿羅漢果。以上是第一品的詳細內容。

回顧一下，這一品先介紹了這個法會時間、地點、參與的人物，然後給我們指出了修行想要達到佛的境界，發了阿耨多羅三藐三菩提心之後的初地菩薩該如何修行，修行的階段是什麼，這裡給我們在講的是「唯心淨土」的觀點──淨土淨與不淨，只與心淨

與不淨有關，這是非常重要的一個觀念。這就是《維摩詰經》的第一品──佛國品，他講述的是佛國淨土的一些真相狀態，並且告訴我們初地菩薩如何起修，這個是非常重要的這一品。

第二章

第二品方便品

講述釋迦牟尼佛陀解答諸菩薩淨土之行時，是以維摩詰
居士問疾為例，以此為眾生方便示教。

第一節 維摩詰出場以方便度人

「爾時，毗耶離大城中有長者，名維摩詰，已曾供養無量諸佛，深植善本，得無生忍；辯才無礙，遊戲神通，逮諸總持，獲無所畏；降魔勞怨，入深法門，善於智度，通達方便，大願成就。明了眾生心之所趣，又能分別諸根利鈍。久於佛道，心已純淑，決定大乘；諸有所作，能善思量，住佛威儀，心大如海。諸佛諮嗟，弟子、釋、梵、世主所敬。欲度人故，以善方便，居毗耶離，資財無量，攝諸貧民；奉戒清淨，攝諸毀禁；以忍調行，攝諸恚怒；以大精進，攝諸懈怠；一心禪寂，攝諸亂意；以決定慧，攝諸無智。」

【爾時，毗耶離大城中有長者，名維摩詰，已曾供養無量諸佛，深植善本，得無生忍；辯才無礙，遊戲神通，逮諸總持，獲無所畏；降魔勞怨，入深法門，善於智度，通達方便，大願成就。明了眾生心之所趣，又能分別諸根利鈍。】這裡，最重要的人物維摩詰出場了。這一大段是在描述維摩詰現在的狀態，他修行到何等境界。這裡描述的語言非常美妙，言辭只用了很簡單

的字，把字重新用不同排列組合表達出非常深刻的含義，對譯者來說也是最高的境界。

　　這裡是如何描述維摩詰的，他和釋迦牟尼佛是同一時代的人，釋迦摩尼在毗耶離大城講經說法，而維摩詰是城中的長者即尊者，他生生世世以來供養過無量諸佛，培植了深厚堅固的善根，獲得了洞見諸法不生不滅的智慧（即無生法忍）。他大智慧具足，辯才無礙，且有方便大神通——這種「遊戲神通」是指佛菩薩所具有的一種超越人間的不可思議的功能和力量。這些大神通具體包括六神通，他能借助這種大神通在世間幻化度人，這是方便法門，所有佛菩薩修行有道者，展示神通唯一目的就是以此來接引眾生、度化眾生，是為了眾生而展示神通，而不是為了顯示自己有神通讓人信服來崇拜自己。

　　因此「逮諸總持，獲無所畏」表示維摩詰掌握了一切修持的法門，獲得了佛菩薩所具有的「四無所畏」——即正等覺無畏、障道無畏、漏盡無畏、出苦道無畏；所以「降魔勞怨」——能夠降服魔怨障礙，煩惱纏牢；「入深法門」——深深地理解領悟，說佛法的真諦。

　　於是「善於智度，通達方便，大願成就。明了眾

生心之所趣，又能分別諸根利鈍」，表示維摩詰特別善於以大智慧來度化眾生，又善於運用種種的方便法門隨機攝化，善於分別明瞭眾生的因果去向，又善於分別眾生的根基利鈍（註），知道眾生的這些狀態，他能幫助眾生成就大悲宏願，即能使眾生發阿耨多羅三藐三菩提心後，走上了修行之路，以此來成就眾生。

【久於佛道，心已純淑，決定大乘；諸有所作，能善思量，住佛威儀，心大如海】這是在讚嘆，同時也在描述維摩詰的狀態。很久以來，即無數生生世世之前，維摩詰就已經深入佛道，早已是成佛的人了。他屬於乘願再來的那一類大菩薩或古佛，心智特別純淨靈敏，堅定不移地按照大乘精神來修行，並且弘揚大乘菩薩法，他的言行十分的莊嚴、嚴謹，威儀都做到了，內心莊嚴、心胸寬闊，就像大海一樣心量廣大，這些都是對維摩詰狀態的描述。

【諸佛諮嗟，弟子、釋、梵、世主所敬】諸佛都讚

*註：根基利鈍，指眾生對悟道的基底及能力不同，有的人很快悟道，但有的人卻比較慢開竅。

嘆認可他，深受佛陀弟子和帝釋天，大梵天以及世間君主的尊敬。

【欲度人故，以善方便，居毗耶離，資財無量，攝諸貧民；奉戒清淨，攝諸毀禁；以忍調行，攝諸恚怒；以大精進，攝諸懈怠】這一段講述維摩詰在世間如何度化。他是乘願再來到人間的佛菩薩，為的並不是自己享受人間的七情六欲而來，而是為了一個目的──度化世人。

為了濟度世人，維摩詰以居士身分居住在毗耶離城。維摩詰為什麼居住在這裡而不是世界別的地方呢？因為當時只有這個地方的人福報、德行、機緣，適合大乘佛法在這裡駐足。釋迦牟尼佛在這裡講法，維摩詰也以居士身在這來講法，度化當地的這一批人，即這一批人與佛有緣。

那麼，維摩詰在世間表現出來的狀態是什麼樣子呢？

他可不是恪守清修戒律，也不是視金錢如糞土的樣子；他在世間表現是錢財極其富足，又能常常資助當地的窮人；但他自己持戒特別嚴謹，即戒身清淨，用他的行為言傳身教來影響那些經常犯戒的人，告訴

他們——欲望不要過度，貪嗔癡慢疑要戒止。他又有極深的忍辱功夫，這是很重要的修為，以此來攝化經常憤怒失控的眾生。

維摩詰以自身修行來鞭策那些有修行之心但又無法克制懈怠懶散之人，他自己已經特別富足，而且修行得不錯，又特別地用功，他以此為榜樣——我已經是有錢、生活衣食無憂，要什麼就有什麼，我還要刻苦地修行，不斷地改變自己，你們其他人不應該更努力嗎？其實表達的是這個意思。

他本身是當地最有錢有權最有影響力的人，他為什麼要幻化成這樣在毗耶離城教化當地眾生呢？其實，維摩詰和釋迦牟尼佛他們兩人呈現了陰陽兩面：釋迦牟尼佛以清淨心，以出家身來度化眾生；維摩詰居士以在家居士身來度化眾生。所以，為什麼他們兩個同在一個時期，同一個地方出現，同樣在講經說法，他們是以修大乘佛法已經成佛之人來告訴我們——以哪種方式都能切入佛法，都能有所成就。

【一心禪寂，攝諸亂意；以決定慧，攝諸無智】維摩詰已經具備極深的修定功夫，他還不斷勤於修定，毫無鬆懈，以此來攝化那些心浮氣躁的在家眾生。

因為有的眾生看到釋迦牟尼佛或僧梵，就升起一種妄心——我不是出家人，我不如他們，以此懈怠修行。那麼，維摩詰以居士身來告訴大家，沒有出家的在家人一樣可以修行，走上正法之路。他常以無量的智慧攝化那些愚癡迷惘的人，他經常表現出大智慧，現實中資財無數無量，他又幫助很多人，同時他的威信很高，大家都信任他。

　　維摩詰修的是世間法。《維摩詰經》在告訴我們：世間即出世間，在世間的人（未出紅塵的人）一樣能專心地修行，修行本身和身披袈裟與否沒有太大關係。

　　這便是第二品第一段，主要介紹維摩詰的狀態。

第二節　開示如何在家修行大乘佛之道

「身為白衣，奉持沙門，清淨戒律。雖處居家，不著三界。示有妻子，常修梵行。現有眷屬，常樂遠離。雖服寶飾，而以相好嚴身。雖複飲食，而以禪悅味。若至博弈戲處，輒以度人。受諸異道，不毀正信。雖明世典，常樂佛法。一切見敬，為供養中最。執持正法，攝諸長幼。一切治生諧偶，雖獲俗利，不以喜悅。遊諸四衢，饒益眾生。入治正法，救護一切。入講論處，導以大乘。入諸學堂，誘開童蒙。入諸淫舍，示欲之過。入諸酒肆，能立其志。若在長者，長者中尊，為說勝法。若在居士，居士中尊，斷其貪著。若在剎利，剎利中尊，教以忍辱。若在婆羅門，婆羅門中尊，除其我慢。若在大臣，大臣中尊，教以正法。若在王子，王子中尊，示以忠孝。若在內官，內官中尊，化正宮女。若在庶民，庶民中尊，令興福力。若在梵天，梵天中尊，誨以勝慧。若在帝釋，帝釋中尊，示現無常。若在護世，護世中尊，護諸眾生。長者維摩詰，以如是等無量方便，饒益眾生。其以方便，現身有疾。以其疾故，國王大臣、長者居士、

婆羅門等，及諸王子，並余官屬，無數千人，皆往
　問疾。其往者，維摩詰因以身疾，廣為說法。」

　　【身為白衣，奉持沙門，清淨戒律】這裡一開始點
出維摩詰身分，白衣即平民，是指在家俗人、平民百
姓；沙門即桑門／喪門（有清晰的志向，息掉妄心的
意思），是指出家修道的人。維摩詰雖是俗人身分，
是居家的修行人，但他奉行出家人的一切戒律行為，
他的身是在家的，心是出家的。所謂「心是出家」，
即他是在家居士，如何能恪守出家的戒律呢？出家的
戒律很森嚴，有基本的五大戒，還有小戒，又有菩薩
戒之類。

　　所以眾生們又應該如何看待戒律？「戒」在佛法
修行中，是一門很深的學問，即有表面形式上的戒，
還有心戒，又有大乘戒、小乘戒之說。大乘的戒律
即「心戒」，《維摩詰經》裡講述的是典型的大乘戒
律。維摩詰居士本就是大乘菩薩的修行方法，他行的
是大乘菩薩戒修行之道。這裡講述的是大乘菩薩乘願
再來，如何發阿耨多羅三藐三菩提心、修六度、修三
十七道品。如何修心戒，這是很不一樣的修行方式。

　　佛法分多個門派：大乘、小乘、密乘，他們有

共修的方法：例如六度、十度、三十七道品，這是所有派別都要共修的；但是他們修持方式各有不同，即小乘、大乘、密乘修持這些共修的方式又各不相同。例如：如何修六度，小乘、大乘、密乘的修法各不一樣；修三十七道品的修法也有差別，區別在於他們發心各不相同。那麼，眾生在學《維摩詰經》時要清楚，這裡說的是大乘的菩薩道，是以修行大乘菩薩道來修得佛果；然而，小乘有小乘的說法和修法，他們兩者是不一樣的，不能混淆。如果分不清大乘和小乘，就會產生疑惑。因為大乘和小乘很多的說法彼此是矛盾的，但最終修成結果是一樣的，要通達的方向目標是一樣的，但是起修處是不一樣的。例如爬山，每個人各自選擇不同的路向上爬，但是爬到山頂這個目標是一樣的，即到高境界時是合在一起。因此，在這裡會一直反復強調這個觀點，就是要正視這個意思。

【雖處居家，不著三界】維摩詰是在家人，有妻子、孩子，金銀財寶無數，有權有勢，但是他不著三界——不執著於欲界、色界、無色界，他的修行境界已經超越三界。他的心很清淨，完全不受世間的各

種物欲沾染，不牽連不糾纏不執著，甚至連色界、無色界都超脫了，但是他的肉身是在欲界。他還有一個在家的身分，是因為要對外示現的需要，為了度化眾生。

維摩詰發的是大乘菩提心，所有修行都是為了引領眾生走向佛道，以此為終極目標的修行稱為「大乘」；如果只修自己，自己修成了再去度化別人，這是「小乘」修行法。這就是大乘和小乘的區別。

前面曾提及，維摩詰和佛陀是在同一個時期，同一個地方出現的，都在毗耶離城中，為什麼？他們兩個人是一陰一陽對稱的存在。釋迦牟尼佛帶領的弟子組成僧團，以出家清淨身對外示現，是要告訴眾生：要想修行得戒體，身心得清淨，他以出家人身分引領眾生走向佛道。維摩詰呈現在家居士身，他妻女無數，金銀財寶無量，權勢非常大，既享受著現世的五福，同時他的修行境界又達到了佛的境界。這是在告訴我們：在家居士修行也能修成，也是一條修行之路，也可以發阿耨多羅三藐三菩提心，也可以修成佛果。所以這兩個對立／對稱的存在告誡大家：我們可以出家修行，也可以在家修行。出家修行——行的是出家修行之路；在家修行——行的是大乘菩薩之道。

大乘修行之道不講究形式，只講究發心和修行方式。

　　因此在閱讀《維摩詰經》時要注意這一點，這裡各乘各派的修行方法各不相同，不要太執著於形式。佛廣開八萬四千方便法門，是為了便於接引各類眾生。出家修行只能適合一部分人，現實中並非所有人都能出家修行的，絕大部分人——不能放下妻兒、放下父母、放下兄弟姐妹、放下世俗的工作的人，他們還是得在家修行。佛祖慈悲，釋迦牟尼佛在此給眾生開示《維摩詰經》，告訴大眾應該如何在家修行，如何行大乘佛之道。

　　【示有妻子，常修梵行】梵，即清淨；梵行，即清淨行。「示有妻子」即美女無數，妻妾成群，子孫很多，甚至表面的形上比普通人福報更大，現實中更美滿，更幸福；但是，一切的行為以清淨為修行的正路。雖然說有妻子，有孩子，但是心不糾纏不執著，不被欲界的欲望所深陷，這就是清淨行。不會因為有妻有子而成為修行的障礙：能做到說走就走，說放下就能放下；也可以與任何人結緣，而不是看破紅塵，跟以前的父母兄弟姐妹妻子都斷絕關係。

　　任何結緣都只是因緣需要，即能做到形上有無皆

可，心也能隨時斷除。這裡的大乘菩薩道修法主張：我可以有激情，但我心是清淨的，我修的是心。因此在看《維摩詰經》時，會發現其是和禪宗的壇經是一脈相承的，《維摩詰經》的思想觀點／修行方法是禪宗最重要的依據，這一點非常重要。所以才說《維摩詰經》對禪宗的影響是最為巨大，因為這裡所有的觀念，所有修行的方法都被禪宗所接納，由此發展出來禪宗。因為，禪宗講究在世間修行——不離世間覺。

【現有眷屬，常樂遠離】 眷屬，即父母、妻、子、朋友、學生、兄弟姐妹。雖然這些眷屬每天都圍繞著他，但是他的心不會執著於此，也不會留戀這些，因為他已經超越，這是一種修行境界。一般看修行人，不能僅僅看他的形式和表面，最重要是看他的心裡狀態和境界。

【雖服寶飾，而以相好嚴身】 雖服寶飾，是指人有錢，這裡描述維摩詰及眷屬一身名牌，穿戴奢華的珠寶、奢侈品，享受宮殿式的豪宅，開著豪車，意思是他可以享受這些，可以穿戴奢華配飾，但是這些其實都是「形」，他不會執著或沉迷於這些，也不會被

這些奢侈品豪宅豪車所牽引，意味著他不會被欲望所牽引和奴役，不會為了得到這些而費心費力。他主要在修行如何把自己的心修正，心正則身相莊嚴，正所謂相由心生。因此修行者應該更在乎修自己心裡的境界，而不能「著兩邊」：是從一個極端走向另一個極端。也就是說，很多人認為修行者不能有妻子及孩子、不能有眷屬、不能穿名牌等，這是不對的，但也不是說為了清淨，有錢也不住好房子、身穿百衲衣（袈裟，或指補綴甚多的破舊衣服），這樣做等於又落入了另外一邊，這也是不對的。很多人覺得修行應該要放下對名聞利養這些外在欲望的追求，但執著於不要這些外在的呈現，其實這裡的「要」和「不要」外在的呈現，都是兩個極端。

例如：有錢的人，有一種想法是一定要到山裡面找個破茅草房子隱居，另一種想法是特別想住豪華別墅，其實這兩個想法都是一回事，這就是「著兩邊」的意思。對真正修大乘菩薩道的人來說：住在山裡的茅草屋，我清淨自在，我不覺得寒酸，不覺得貧苦，不煩心，也不自卑、不自賤；住在豪華別墅裡面，我也不覺得和住茅草屋有不同，不會為了去追求豪華別墅、豪車，或者奢侈品、珠寶而費心費力，不擇手段

去爭取，因為「有」或「無」，我的心都是清淨的。

真正的大乘菩薩道修的是淨業。要知道：業有「善業、惡業、無記業」。大乘菩薩修行不會排斥所謂的善業，或者惡業，也不會追求無記業。大乘菩薩修淨業，淨業修心──我的心是清淨的，我在世間的一切外在的形都無關緊要。

這裡，釋迦牟尼佛祖呈現的是出家相，他放棄了王位，放棄修苦行，以此而得清淨；維摩詰居士是以在家身，呈現的是富貴相、權威相，修的是富貴相，他要權力、富貴、財富、妻女、眷屬，要世間之五福達到了極致。他們兩個從相上看都是一樣的，沒有區別：一個是捨棄世間的王位及榮華富貴，一個是享受著世間的榮華富貴權威，他們的共性在於心都是清淨的，他們的行為都是清淨行即梵行。

那麼，我們在修行過程中應該走哪條路呢？釋迦牟尼佛祖是一個榜樣，維摩詰居士也是一個榜樣，所以眾生選擇修行任何一條路都能修成。最關鍵的是：真正的修行修的是心而不是形，不要太關注外形，不要對外在的相起分別心。這是其中蘊含的深意。

【雖複飲食，而以禪悅味】 禪悅為味，是以禪定、

寂樂來養諸身心。飲食是物質上的，讓眾生從有形的肉身得到營養，正常生長發育；禪悅是精神、心靈上的糧食，因此我以禪定寂樂為精神食糧，養育我的心。維摩詰資財無量，想吃什麼就吃什麼；釋迦牟尼佛祖在飲食上戒律森嚴，不是想吃什麼就吃，他們兩人在形上雖是有區別的，但是都以禪悅為味，這是共通的。

【若至博弈戲處，輒以度人】博弈處，即賭場、下棋、打牌、打麻將等博弈類場所；戲處，即娛樂場所，包括夜總會、KTV、動物園、遊樂園等娛樂場所。這裡，維摩詰甚至還出入各種賭場或者夜總會，他跟世俗的人在形上是一樣的，但是他不是為了自己玩樂，不是為了發洩，也不是為了尋求自身的欲望。他出入這些場所是為了方便教度他人而去。那麼，他在這些場所依然奉行著布施、持戒等六度、三十七道品，心在四念處，隨時都在如如不動之定中，智慧隨時現前。反觀眾生中許多人為了各種物欲、娛樂、賭博深深地迷失了自己，這些都是人間地獄。

維摩詰涉身各類場所，是要勸導勸誡這些為欲望所深陷的人們，告訴他們想要得到清淨，就要收回自

己的欲望。他常以「同事攝心、同事攝身」來到人間地獄，來度化這些地獄受傷之眾生。這裡的「同事」，是前面所說的四攝法之一，意謂親近眾生，同其苦樂，並隨眾生所樂，分形示現，令其同霑利益，因而入道。釋迦牟尼佛祖不會做這些事，他會遠離這些不清淨的場所，常居清淨之地，他的形是淨的，身也是淨的，修淨得如釋迦牟尼佛；而維摩詰不避諱這些，他相當於人間之地藏王菩薩，隨處營化，隨機教化。

　　【受諸異道，不毀正信】受諸異道，即不排斥一切的外道，甚至學習外道，參加外道的一些團體，維摩詰修行這些外道比所謂外道的信徒更精進，更有神通，因為外道講究神通，所以他在這方面學得比他們還好，但是他從心裡是不認同這些外道的，不是真正發心信這些外道，這只是一種示現，這稱為「同事攝（是一種方便的教化眾生的手段）」。維摩詰打入外道的團體，表現得比外道眾生更好，這樣能更有利於接近他們，能讓這些外道眾生信任自己，有這個信任基礎，就可以把他們逐漸引領出外道，從而走向佛道。

　　維摩詰常和外道眾生在一起學習修煉外道，但

是這些學習絲毫不影響他對佛法的純正信仰。所以，學習外道只是形，他真正的信仰是——引領度化外道之眾生走向真正的佛法，他堅信真正的佛法，從未動搖，這是正信。

【雖明世典，常樂佛法】世典，即世俗的典籍。和佛典相比而言，佛的經典之外都稱「世典」，只有佛的經典，才稱為出世間的典籍（究竟的典籍）。維摩詰對世間的一切學問都完全通達，但是他的內心深處以佛法為最根本的基礎，即佛法才是正典，佛法才是正道，佛法才是根基，他不會受世間一切學問所影響，他知道只有佛法是最究竟、最徹底、最圓滿的。

【一切見敬，為供養中最】可理解為，維摩詰居士到任何場所都受到眾人的敬愛、尊敬、崇敬，這是一切供養中最為殊勝的（殊勝，用來讚嘆法會的莊嚴、因緣的難遇、法門的玄妙）。還有另外一層意思，即在維摩詰居士心中眾生平等，他心中對佛、最低賤的眾生一樣恭敬。在所有恭敬和供養中以「法供養」為最尊崇，他見佛就恭敬佛，見到流浪漢就恭敬流浪漢，見妓女恭敬妓女。

以上都在闡述何為常樂佛法，所有最尊最高最上的供養和度化是——法供養，即用佛法來度化眾生，因此要理解上述深刻的含義。

　　【執持正法，攝諸長幼】這裡講述維摩詰平時修行的方法、行為舉止及起心動念。這一段很重要，這裡告訴一般眾生應該如何向維摩詰學習和支持正法，堅定不移地修持佛法。「攝諸長幼」即常以長者的身分評判或處理世俗的事物，堅持運用佛法來教育引導／度化天下之眾生，不分長幼。

　　【一切治生諧偶，雖獲俗利，不以喜悅】維摩詰是天下最會做生意的人，他謀求一切正當的事業，他養了很多人。「諧」是一種輕鬆、愉悅、和諧的狀態。「偶」即什麼都可以做，什麼都可以來。維摩詰雖然掙了很多錢，但他不以掙錢多少而開心或者深陷其中，「諧偶」表示他很輕鬆的狀態。他不避諱任何世俗的事業，不覺得什麼事業是好的，什麼事業是不好的，他的事業很廣泛，多元化都可以做，而且獲利也很輕鬆。這種獲利輕鬆來自於生生世世所修來的福報和善業。對維摩詰來講，他本身是佛，他已經沒有什

麼善業惡業之說，他修的是淨業。他根本不會為掙錢
花費力氣，他想要資產就可隨心所欲獲得，而不是自
己求來或不擇手段爭來。

維摩詰是修行人，所有修梵行的修道者，他要
得到資產及幸福伴侶，都是憑法願而來，為了實現大
願，該有什麼就來什麼，該化現什麼就化現什麼。這
裡的大願必是「救度眾生，皆令入佛道」，皆是以此
為願力。維摩詰也是一個乘大願而來的大菩薩，他呈
現的資財無量、妻妾成群、子女無數，權勢有很大，
他以此來度化世間的多類眾生。對乘願再來的菩薩而
言，他們是不求福報的，因此我們不能說維摩詰在世
間所謀求的一切事業，獲利掙錢是因為他的福報，福
報只能對凡人來說，維摩詰修的是淨業。維摩詰度化
眾生的方式有點像濟公活佛，濟公活佛常說一句話：
「酒肉穿腸過，佛祖心中留」，這就是維摩詰的典型
寫照。

【遊諸四衢，饒益眾生】四衢，即街市巷裡。「
遊諸四衢」即經常到街市的菜市場、商場、飯店等地
方，看似遊玩，其實隨時隨地地做著利益眾生的事。
對眾生幫助最大是法供養、法布施，即隨機度化所

有的眾生。眾生不在山裡，眾生就在街坊巷子裡。無論他走到哪裡，都會利益與他接觸過的眾生。有句古話：「龍行一步，百草沾恩」，意思就是普照天下。所以，維摩詰修的不是天天在家裡打坐、念佛、念咒的修行。維摩詰的這些行為本身就是一種修行，是不離世間的修行法。

因此，真正大乘菩薩道的修行者，一定不能封閉家中獨修自己，他們會走到市井間參加各種活動，參與各種團體，跟大家有共同愛好，以此來弘揚佛法，度化眾生，這是「助人自助」，也是大乘菩薩的修行方法。

【入治正法，救護一切】維摩詰在毗耶離城的地位相當於當地的首領，因此威望是最高的，即德高望重者。他經常要參與管理各種世俗的活動，又能秉公執法、扶持正義，以此來利益眾生即救護一切。加此他有智慧、有慈悲、又有方便，所以在這個地方運用自己的威望能做到扶持正法，救助一切眾生。

【入講論處，導以大乘】入講論處，即《維摩詰經》常會到各種學術研究會講經說法，以大乘菩薩

道、佛法來教化眾生，以此來引導大家走上大乘佛道。

【入諸學堂，誘開童蒙】維摩詰特別注重親子教育，經常到幼稚園、小學教育孩子們。他掌握世俗中各方面的知識，而且善於與各類人打交道，與他們有共同的愛好／語言，以此接近和開導各類眾生，引領他們走上大乘之佛道。

【入諸淫舍，示欲之過】甚至，維摩詰到妓院去。為什麼到妓院？他不是為了滿足或發洩自己的欲望而去妓院，而是妓院裡也有一類眾生（一類是妓女，一類是嫖客）。他是來開導勸誡這些妓女，同時以身患得病或者是身體虛弱，以此告誡那些淫欲很強的人，經常被欲望所控制的下場。這也是一種修行方式。

【入諸酒肆，能立其志】甚至，維摩詰到酒肆酒館來，即現在到酒吧喝酒，喝酒喝醉到忘乎所以。他為什麼去酒肆？不是因為喜歡喝酒，而是他到這些場所教化那些醉生夢死的人，不要被酒所迷惑，不要沉迷於其中，使這些沉迷於飲酒的人能自拔，稱為「能

立其志」。他勸誡喝酒的眾生要掌握好度，要保持清醒，能從中自拔不深陷其中。

【若在長者，長者中尊，為說勝法】 維摩詰是所有長者中最年長的，稱為賢達，也是長者中是最受尊敬的。在印度有四大種姓，四姓之首是婆羅門。維摩詰在長者中為他們開導，說教更高的出世間學問。印度的婆羅門階層掌握世間一切的學問，一切的技術、科技、哲學、藝術都掌握在統治階級手裡，當地德高望重的長者是他們階層的代表。維摩詰為這些長者宣說傳遞的是殊勝的大乘佛法，而不是世間的知識或技能。

【若在居士，居士中尊，斷其貪著】 維摩詰在普通居士中也是最受尊重的，以此為緣，他會教居士們如何斷除貪欲和執著。在家居士沒有脫離紅塵，身心深陷紅塵中，維摩詰就教他們如何發阿耨多羅三藐三菩提心，起修處是斷除貪欲和執著，真正走向大乘菩薩道、佛法道。

【若在剎利，剎利中尊，教以忍辱】 剎利，是古印

度的四大種姓之一，屬於統治階層，在印度古代剎利這個階層稱為王祖。維摩詰在統治階層王族中也是最尊貴的，他以此來教化貴族階層培養忍辱精神。為什麼？因為這個階層的人掌握世俗的權利，他們制定世間的法律，他們對待下層的人民經常會任性妄為、胡作非為。經常會亂發脾氣，不知道尊重他人，自尊心特別強，是這個階層一類人的特點。所以，針對這類人的特點，維摩詰教化他們從忍辱起修，對人平等尊重，少造惡業，由此逐漸走向大乘佛法。

【若在婆羅門，婆羅門中尊，除其我慢】婆羅門，是古印度的四大種姓之首。婆羅門教代表著神，是一種信仰，也是最尊貴的，然後才是統治者、王族。在婆羅門教中，維摩詰也是最尊貴的，他以此身分來教化婆羅門教中的人要剔除自大和傲慢。婆羅門是最高的種姓，這個種姓的人不可避免自高自大，狂妄等。所以，修卑下、尊重和平等，是這類人的起修處。

【若在大臣，大臣中尊，教以正法】維摩詰在王公大臣中也是最受尊敬的，因此以這個身分來教化王公大臣要從遵守正法開始起修。為什麼？王公大臣本身

是法律法制的監督者、執行者，他們要做好表率，要以身作則遵紀守法，國家才會穩定，百姓才能安穩不亂。維摩詰跟王公大臣們在一起時，他會用這個方法來教化。

【若在王子，王子中尊，示以忠孝】維摩詰在王子中是深受尊敬的。他教化這些王子要從忠孝起修。王子是帝王的兒子們，是百姓人倫之道的典範、榜樣，百姓都會效仿他們。王子應以忠孝為修行的正道，做天下之榜樣，由孝而忠，這是人倫之本。

【若在內官，內官中尊，化正宮女】維摩詰化身在帝王的內宮中，也是所有宮人的表率，他會教化宮女要自守其本分（稱為正宮女），不做非分之想、不妄想、不妄作，守住本分。

如上述所說，維摩詰既是國王又是婆羅門又是剎利，又是王子，又是宮女，這多種身分是怎麼回事？其實，維摩詰不是就此一生化現在世間，他是生生世世在世間不斷地化身、化現在各個領域／行業，從事各種職業。所以不要誤以為維摩詰這一生做了這麼多事情，其實他是生生世世都在度化眾生，但是都用一

種方法──「方便法門」度化眾生。「方便法門」即
到哪個階層，就針對不同階層進行不同的教化，而不
是都教大家打坐、念佛、吃素，對什麼人說什麼話，
這是「隨緣度化」，也是大乘菩薩修行菩薩道的最根
本修行方法。

【若在庶民，庶民中尊，令興福力】維摩詰有時
候會化現成普通老百姓，他在老百姓中也是最受尊敬
的。由此他教化平民百姓如何培植福德善根，即如何
積福報、行善行、止惡業。他教化平民百姓時，不會
用高深的大乘佛法來教化，而是會給百姓示範如何行
善業得大福報，大家看到後就會跟他學習，以他為榜
樣。

【若在梵天，梵天中尊，誨以勝慧】梵天，是色戒
之初禪天。梵天已經離開欲戒，到了色戒。如果維摩
詰化生在梵天中，他同樣是最受尊敬的，他就會為這
些梵天開啟殊勝的教化，教他們如何行大乘菩薩道／
大乘佛法，讓他們如何超越色界初禪天。這些梵天還
是想脫離、出離，所以維摩詰會教化他們以智慧往上
昇華。

【若在帝釋，帝釋中尊，示現無常】帝釋，是欲界三十三天的主神，是天界領袖。如果維摩詰化身成天界的領袖，他也是最受尊敬的。他會向帝釋天們示現無常——世間萬有皆是因緣合成，沒有恆常不變的實體，皆處在不斷的生滅變化中。帝釋天（天人）的福報巨大，很容易沉迷當下，他們會有一種錯覺——認為這種福報會永恆存在，他們會一直這樣舒服和順遂。帝釋天們雖然已經超越了欲界，但這不是永恆的，福報耗盡後還是得下地獄，受惡業煎熬。所以，維摩詰化身成帝釋天時，給他們示現三界無常，皆是幻境；他會告誡教化帝釋天，不要沉迷於天界的福報，要往上追求永恆的清淨的淨土，讓他們通達這些義理後，走向大乘佛法的修行之路。

【若在護世，護世中尊，護諸眾生】護世，即護世四天王／護國天王，也稱大護法。我們常說四大天王：護持東方的稱為持國天王；護持南方的稱為增長天王；護持西方的稱為廣目天王；護世北方稱為多聞天王。四大天王在佛經記載，基於須彌山的半腰處，護持佛法和四天下，他們會令惡魔惡鬼惡神不敢破壞

佛法，也不敢侵擾眾生，這就是護世。維摩詰會化生成四大天王（護法諸天神），他化身成護法天神也是最受尊敬的，他會教導護法天神們以各種方法護持佛法以及如何護持能順暢。

【長者維摩詰，以如是等無量方便，饒益眾生】這就是維摩詰行菩薩道的修行方法，他深入到各個領域，化身到各個階層，他用以上種種的方便法來利益眾生，濟度天人。他不會用一套修行方法教導所有人，這就是大乘佛法的修行處。維摩詰居士只有一個目的，他用他的方法親近眾生，用方便法門來引導開化眾生，可以化身無數，甚至化身成動物或者植物，動物也需要度化。

【其以方便，現身有疾】這時，維摩詰居士假借身患疾病來教化眾生，這就是《維摩詰經》的緣起。他會用各種方便法來教化眾生，有時會自殘，示現有病。因為他是備受各個階層尊敬的長者，是最受尊重的人，最智慧的人，所以各個階層的人都得來慰問他，看望他。所以，他借著這個緣由來開導教化眾生。維摩詰是「假借身患疾病」，而不是真的病了。

【以其疾故，國王大臣、長者居士、婆羅門等，及諸王子，並余官屬，無數千人，皆往問疾。其往者，維摩詰因以身疾，廣為說法】如此尊貴的維摩詰，他不是國王，他是有錢人，大家所尊重的是他的人格品質和人格魅力。因為他有德行，所以當他病了，國王大臣、長者居士，婆羅門及諸王子、百官大臣數以千計的人去探望他，維摩詰居士就會藉此機會向眾多前來探視的人廣說大乘菩薩道、不可思議的佛法。

維摩詰不僅從家中走到社會各界教化，同時也能用各種方法讓眾生來他這裡，以便教化。不管是走出去，還是到他這裡來，他只有一個目的——隨機度化眾生。所以大乘菩薩在行大乘佛法時，不是一味地使用一種手段，他會運用到方方面面，他絕不會與紅塵隔，也絕不封閉自己，他會廣泛地接觸各行各業，接觸各式各樣的人，以此來作為修行。

不過，這裡來的都是國王、大臣、長者居士等世俗的人，維摩詰會如何跟這些人廣說大乘佛法呢？這是下面要闡釋的義理。

第三節　假象與真我的分辨

「諸仁者，是身無常，無強、無力、無堅，速朽之法，不可信也。為苦為惱，眾病所集。諸仁者，如此身，明智者所不怙。是身如聚沫，不可撮摩；是身如泡，不得久立；是身如焰，從渴愛生；是身如芭蕉，中無有堅；是身如幻，從顛倒起；是身如夢，為虛妄見；是身如影，從業緣現；是身如響，屬諸因緣；是身如浮雲，須臾變滅；是身如電，念念不住；是身無主，為如地；是身無我，為如火；是身無壽，為如風；是身無人，為如水；是身不實，四大為家。是身為空，離我、我所。是身無知，如草木瓦礫。是身無作，風力所轉。是身不淨，穢惡充滿。是身為虛偽，雖假以澡浴衣食，必歸磨滅。是身為災，百一病惱。是身如丘井，為老所逼。是身無定，為要當死。是身如毒蛇，如怨賊，如空聚，陰界諸入所共合成。諸仁者，此可患厭，當樂佛身。所以者何？佛身者，即法身也。」

【諸仁者，是身無常，無強、無力、無堅，速朽之法，不可信也】諸仁者，是維摩詰對所有世俗人的一種

尊稱。維摩詰對大家說：「我們身體是血肉之軀，不足以依賴，皆是五蘊、因緣和合而成的假象，它變化無常，它不是長久存在的，它只是一個幻象。」

　　的確，人類的身體可能一碰就壞，發生意外身體可能就沒了，這就是無常。身體不管多強壯也不可能長久，它沒有力量，不堅固，很快會腐爛。所以不能把身體當成真我，要看透身體只是一個假象／幻象。但眾生的欲望是在哪裡產生的？為什麼會把欲望當真，天天執著於欲望呢？那是因為眾生認為身體是真的，圍繞著身體的享樂、舒服、刺激形成了欲望，這是欲望的源泉。如果不把身體當成是真的，看清楚它的真相是一個幻象，就不會圍繞身體所產生的欲望而執著，也就不會不擇手段的去爭取／探求。當貪欲降下來，心就清淨了。只有看透肉身的假象，才能找尋「真我」。這時的真我才是長久的，恆長不滅的。因此，眾人應該用心去尋找那個可以信賴的「真我」。

　　【為苦為惱，眾病所集。諸仁者，**如此身，明智者所不怙**】怙，即依持，依仗持有。維摩詰開示大眾說：「不要依賴這個身體，不要認為我的身體沒有了，我的生命就沒有了，這是兩個概念。」因為身體不是眾

人生命的依賴，它只是一個軀殼，只是一件衣服而已。真正明智的人不會依持或者依賴身體。因為有了身體，又把身體當真，那麼身體就有了八苦──生老病死、求不得等，又因為有了八苦，才產生了各種各樣的煩惱。所謂的「重病所急」是身體因為有苦、有煩惱，就有各種各樣的疾病彙集。所以對真正通達智慧的智者，他不會以肉身為依託，不會以肉身為根本，他會放下對身體的執著。

　　因此接下來，維摩詰利用身體來開示生命的無常及脆弱，要透過修行來悟道：人世間有許多假象，因此要把關注點從身體上先解脫出來。

　　【是身如聚沫，不可撮摩；是身如泡，不得久立】
聚沫，有點像泡沫。身體就像泡沫一樣，是虛幻的，看似有五彩繽紛的顏色，很漂亮，但是它是不能碰的，觸摸都不能；它是非常短暫的，飄在空中一碰就破，如同我們的肉身就是這樣碰不得。

　　【是身如焰，從渴愛生】 這個血肉之軀就像火焰一樣，渴望欲愛。我們身體是在欲界中產生的，它是如何產生，又如何投胎到人間化身成人的呢？它就像在

沙漠中，特別缺水，對水極度渴望，而人的渴望是欲愛即淫樂之欲，所以投身成人。但是身體就像火焰一樣，隨時可以熄滅。這裡還有一層意思，欲愛不斷，投胎就不會斷，就是像火焰一點著就有，風一吹就滅，再點著又有，風一吹又滅。那麼，愛欲不斷，即永無出期。因此血肉之身就像火焰一樣，火焰真的存在，能長久嗎？它只是一個幻象而已，是由愛欲產生的幻覺。

【是身如芭蕉，中無有堅】血肉之軀像芭蕉的杆，它外面是一層皮，中間是空的。而眾生的身體也像一件衣服一樣，中間是空的。因此眾生必須找到中間的實有，這個實有就是「真我」，是真實的；而身體血肉之軀的這個「我」，它中間是一個空殼，它只是一個形，是沒有實體的。

【是身如幻，從顛倒起；是身如夢，為虛妄見】血肉之軀像幻影一樣。身體渴望愛欲，由愛欲而生出各種欲望，從而產生執著。即是為了達到滿足各種欲望／妄想，而生出了身體的形象。為什麼叫做「顛倒」呢？人世間的萬物都是為了滿足欲望，才有了身

體，但這是顛倒的，因此要認清楚——身如夢如幻，血肉之軀就像做夢一樣，夢中的景象是眾生妄想的產物；夢景不是真實存在的，在夢中的身體雖然也有各種知覺——能看見、能聽見、能摸到、能聞到，也有各種情緒——會害怕、會喜悅，受傷了也一樣會疼，被人追逐也一樣會害怕。但這些都是假象，是為了去體驗欲望。

那麼，也許有人會問：如果一切感知都在夢中，我們現在有形的血肉之軀到底是什麼呢？其實《維摩詰經》一直在開示眾生：現在你就在夢中，不要以為現在就是實體／實有，我們的生生世世不不外乎變換了一個夢境而已。我們以為自己是清醒的，其實是顛倒的，到現在都還是在夢中。

因此眾生為什麼要學習大乘佛法？就是為了讓我們醒過來，即「覺醒」。為什麼稱為「悟」？覺醒了就是悟了。我們為什麼醒不過來？因為我們覺得這個現實太真實，這不是夢，我們覺得眼見的、耳聽的、身體的各種感受都是實有的，身邊的妻子、兒女、父母、兄弟姐妹、眷屬都是真的，我們覺得是真實存在的，所以不放手。為什麼不放手？因為我們有各種留戀，各種依戀，我們怕失去，就像我們在做一個美夢

時，都不願意醒過來一般，並想一直就這樣就好了，這就是「不捨」。

　　所以真正的修行，是當我們看透真相以後，首先必須要從「斷離捨」開始修。如果身心不捨紅塵，永遠在滾滾紅塵中出不來，這個夢永遠都醒不了。那麼有喜、樂、愛，就必有煩惱、痛苦，愈是追求喜、樂、愛，煩惱和痛苦就愈深重。所以，《維摩詰經》一再告訴眾人要看清真相，不要以血肉之軀為真，不要以現實世界為真，醒不過來即「永無出期」；要清楚我們的身體、生命像在夢中一樣，所有的軀體及周圍的人、事、物、環境等都是由虛妄產生的。

　　【是身如影，從業緣現】業緣，一切眾生都是由業力所緣起。善的果報是由善業起的因；惡的果報是由惡業起的因，這叫做「業緣起現」。我們身體就像影子一樣，都是由過去生生世世以來的善／惡／無記業緣所感而生成的。當業緣斷了，身體就沒有了，身體只是承載業緣的載體，業緣是身體形成之根。由業緣和合而生的身體是假的，是空的，是虛的，它是因業緣而存在的。所以，如果善業現前，身體呈現的就是健康、美滿、隨順、快樂、開心；如果惡業現前，身

體呈現的就是痛苦、煩惱、障礙、不順、不幸。從身體的本質上說——身體是假的，不是真的。

【是身如響，屬諸因緣】身如響，即身體好像空中回蕩的聲音。那麼，這個聲音是有還是沒有？如果說有，一旦停下來，聲音立馬就消失得無影無蹤——看似有，實則無，這個就叫做「身如響」。這裡比喻身體像聲音一樣，它是各種各樣的條件聚合在一起的產物，一旦這些條件不具備，就什麼都沒有了。就像人類要發出聲音，要滿足幾個條件：要有發聲的器官，要有傳播媒介，要在一定的距離內。因此當人發出聲音，就需要在空氣中傳導，如果真空狀態下，聲音是傳不出去的，震動波必須依賴空氣傳導，還要在一定的距離內傳播，超出這個距離是聽不見的。這一切都是因緣聚合而生。

【是身如浮雲，須臾變滅】表示眾生的血肉之軀就像天上的雲彩。抬頭看看天上有雲彩變化萬千，一會晴空萬里，一會兒又有雲彩，雲彩的形狀隨時在變化。這裡比喻身體像雲彩一樣變幻不定，不長久。有人會認為身體是長久，這是一種妄想，所以要破掉這

種妄想，才能去尋找真正的「我」。如果放不下血肉之軀，就永遠都找不到「真我」。

【是身如電，念念不住】 身體就像閃電，一閃而逝。血肉之軀的身體在宇宙中，就算能活100年，這100年在宇宙中不及一眨眼，即稍縱即逝。更何況，要是變成動物如貓、狗，也就10年左右，10年左右在宇宙中更是瞬間即逝。所以我們認為身體長久的，這只是我以為的長久而已。

【是身無主，為如地】 無主，即血肉之軀是沒有主宰的。身體本身就是一團血肉而已，它本身沒有壽命，沒有一個固定的形體，都是因緣聚合而成的，它是一個承載業力的載體而已。當真我、神識進入身體內，身體才成為活體。它是由四大（地水火風）和合而生，它沒有固定的實體，是一個臨時的居所。當元神一走，整個身體的四大就分解成為塵土，即塵歸塵，土歸土，什麼都不會留下。所以這裡告誡我們，不要把心用在身體上。

【是身無我，為如火】 無我，即沒有自性。沒有一

個身體是真正的我，它所屬的一切是不復存在的，就像火一樣，滅了什麼都沒有了，一點都不會留下。

【是身無壽，為如風】身體，連一個真實的自性都沒有，更談不上有壽命。它就像一片樹葉、像一陣風一樣，風存不存在？如果說它不存在，它又存在過，但是風過了，風在哪呢？它是隨時生滅的。

【是身無人，為如水；是身不實，四大為家】四大，是指「地水火風」。四大本身是虛的，是不存在的，是因緣和合而生的。所有虛的不存在的和合而生成的血肉之軀，不能把它當成是真實的實體。

【是身為空，離我、我所】我，即自身、自性、真我。我所，就是身外之物。身外的其他的東西也是因緣和合而生，它也是變化的。我所擁有的——我的房子、我的錢財、我的父母、我的孩子，一切我的東西本身也是不存在的。從佛法中說，「我的不存在」在佛法中稱為「人無我」；「我所擁有的一切」也是不存在的稱為「法無我」。那麼，身體是空的，不存在的，與身體相關的一切外在事物也是不存在的、虛妄

的、空的。所以要認清楚身體就是一個汙穢不淨，充滿了欲望的臭皮囊。

【是身無知，如草木瓦礫】身體的知覺、感受、靈性，這些都存在嗎？它就像無知的草木、瓦礫、磚石一樣，真我灌注到幻象中，肉身才有了知覺、靈性，而它本身是不具備的。因此要認清楚身體是無知的，本就不應該關注身體本身，不要被它意識左右。

【是身無作，風力所轉】身體沒有自性，也產生不了自性，它不能自己主宰自己。就像葉子隨風飄落，而落向何處，它自己是左右不了的。風就是業力，身體隨著業力的變遷而有所不同。

【是身不淨，穢惡充滿】身體是汙穢的，不乾淨的，它本身是有欲望的，是由欲愛、淫欲、妄想所生，它不是清淨的產物，因此稱身體為「臭皮囊」。只要身體一離開靈性／真我，馬上身體就腐爛、腐敗、惡臭。一般人若平時幾天不清洗身體，身體各種味道就出來了。即使用各種香水、香料想要遮住身體的惡臭，也遮不住。所以要清楚，不要把身體本身當

成實有的好東西。

【是身為虛偽，雖假以澡浴衣食，必歸磨滅】身
體是虛假不實的，不是真實存在的，而且是惡臭的。
一般人為維持身體的正常運轉，每天得給它吃飯、
洗澡、沐浴，但是身體終將會轉瞬間熄滅。即便安撫
它、愛惜它、滿足它的欲望，但它的本質就是汙穢
的、虛妄的，它的本質就是影子，它的本質是欲望產
生的源泉，因此本質是顛倒的。所以最後不管如何對
待它，它還是會轉瞬消散，四大也會消散。因為身體
就是隨其因緣和合而成的一個假象。

【是身為災，百一病惱】身體的本質是諸多的災
禍、痛苦、煩惱的根源，因此所有的病痛、苦惱全由
它產生。如果眾生能不在乎身體，不關注身體時，還
有什麼可以煩惱或產生疾病的呢？又拿什麼生出痛苦
呢？

以上的種種，維摩詰是給普通大眾講的。作為普
通人該如何起修呢？維摩詰告訴大家，認身為幻，認
身為假，要把關注點從身體上先解脫出來。

【是身如丘井，為老所逼】身體就像頹廢乾枯的井一樣，遲早有一天會衰敗了。枯井是死的，不是活的，它沒有水，沒有滋潤，所以藉此比喻身體早晚會像是這枯井一樣。

【是身無定，為要當死】身體是沒有定性的。不管意外也好，還是慢慢走向死亡，它早晚還是得死的，它不是永恆的。

【是身如毒蛇，如怨賊，如空聚，陰界諸入所共合成】陰，即五陰（也稱五蘊，色受想行識），身體是由五蘊和合而成。界，即十八界（六識、六根、六境），六識即能依之識，六根即所依之根，六境即所緣之境。這裡的術語都出自於《成唯識論》，這裡面涉及到陰界，因此以下簡單說明。

「六識」指眼識、耳識、鼻識、舌識、身識、意識；「六根」也是指眼耳鼻舌身意；「六境」是指色、聲、香、味、觸、法，這裡合稱「十八界」。「陰界諸入」可以理解為血肉之身就像毒蛇一樣，像怨賊一樣，像空氣一樣，它像是空蕩蕩的村落，曾經有人相聚、有物相聚，它好像有過什麼東西，其實它又

什麼都沒有。它沒有自己恆常不變的實體，它就是一個虛像（virtual image），是有了五蘊、六入（註）、十八界共同組成的一個虛假的、虛幻的影像而已。

【諸仁者，此可患厭，當樂佛身】身體有諸多的症狀，身體是個幻象不是真，所以不要把身體看得太重，也不要每天被假的身體所奴役。眾生應該借假尋真，真即是佛身。

【所以者何？佛身者，即法身也】為什麼要尋找佛身？佛身即是法身，佛本身有三身（法身、化身、報身）。法身，也稱「成就身」，法身是本體，盡虛空遍法界，也就是「真身」。所以眾生要學佛，脫離幻象，脫離現在身體的這個假身（假身是三身之一，即報身），它是由善業／惡業／無記業諸因緣形成的「果報身」，是變幻不實的；法身才是永恆的、恆常的、常樂的、具足的，所以，應該由報身來得法身、悟法身。

---

*註：六入：內六入：指眼耳鼻舌身意（六根）。外六入：色、聲、香、味、觸、法（六塵／六境）。

如何能脫離報身，證悟到法身，能和法身同在？經義後面會告訴大家修行佛法的諸多最基本方法。在這裡先提前說明一下，只要修行佛法，不管是大乘、小乘，不管是修哪一類哪個門派，這些修行方法手段都是必須的，即他們有共修的方法，所以下面所說的方法都必須一個個修，差一樣就不是佛法了，必須事先說清楚，講明白。

第四節 從無量功德到佛法解脫

「從無量功德智慧生；從戒、定、慧、解脫、解脫知見生。」

別小看這短短的經文，裡面有更深的道理。所以下面，維摩詰跟來看望他的國王大臣、長者居士、婆羅門，還有諸王子以及數千民眾等凡人，對他們開講如何修行佛法。

【從無量功德智慧生】如何能修成佛身，找到真身真我？必須先要得到真我，證得真我，功德、福慧具足即先修無量無邊之福，積無邊之德，然後才有慧，這叫做「無量功德」。

如果只是積小功德小福報，是修不來無量功德的。「無量」這裡指的是修大乘菩薩道，即佛的境界心量廣大，要從修無量無邊的福、慧、德，這樣智慧才能升起來。《金剛經》和《六祖壇經》都在說明如何修無量功德。這裡最高境界的無量是從「無相」（即無相福、無相德、無相布施）修起，即破掉我相／人相／眾生相／壽者相，「有相」的即是小且局限，

不是無量。所以，要修真正的無量功德，真正的大智慧（指圓滿的般若智慧），要從無相中修。《維摩詰經》的經義是根本，包含千經萬律，要想真正通達經義裡的道理，必須下一番功夫。而這一句「無量功德智慧生」包含了一切的佛法，因此在後面章節會再細說如何修持。

【從戒、定、慧、解脫】戒、定、慧，即三無漏學（註）。「從戒、定、慧、解脫」以及「解脫知見」是小乘佛法裡的一種說法，也稱「五分法身」，例如《六祖壇經》裡面有戒香、定香、慧香、解脫香，解脫知見香，即五分法身。

「解脫」什麼是解脫？簡單說是從六道中輪迴解脫，有外道解脫，也有佛法的解脫之說法。

外道解脫是指通過這一生的修行，轉生到天界。天界對他們來說是壽命長久，權威巨大，轉輪聖王之類屬於外道解脫。但是這種外道解脫不是究竟的解脫。

＊註：三無漏學，梵語，又稱「三學」，為佛教術語，分別指增上戒學、增上意學或增上心學、增上慧學，簡稱為「戒、定、慧」。

　　那到底什麼是究竟的解脫呢？佛法裡說真正的解脫有兩種，遠超過天界：第一種解脫是「阿羅漢解脫」，第二種解脫是「正等正覺佛陀的解脫」。

　　所以要分清楚這兩個解脫的概念。外道解脫講究具體方法，例如：通過禪定、行善積德、瑜伽、頌咒語等達到的屬於升在天界的解脫，這是外道中最高的解脫。在佛法裡的解脫，是指必須得依照四聖諦、十二因緣、三無漏學不斷地修行達到的解脫，才是真正達到阿羅漢解脫和佛陀的解脫。

　　因此，在本章最後的「後記」中，將粗略描述一下佛法對解脫的含義！

　　【解脫知見生】再回到《維摩詰經》經文的「解脫知見生」，眾生若真正要解脫，第一步要先解脫自己的知見。

　　為什麼「解脫知見」？因為大家都是凡夫，是根深蒂固的凡夫知見，這種凡夫的知見導致眾生看不到宇宙自然的真相，而是把自己的眼睛蒙蔽了、耳朵堵上了，於是錯知錯見導致了錯誤的認知，把宇宙的真相扭曲了。而這些錯誤認知形成了一般人在面對錯誤時的自動思維模式，導致自己做出錯誤的決策和

判斷，因此這裡說的「錯誤」是指局限、偏執、不究竟。因為凡人一直做著：「我認為對的事情」、「我認為對的言行舉止」；這種「我認為對的」的認知從一開始就是錯的，最後導致行為模式錯誤的根源，一直被深深地束縛在欲界內，在六道輪迴中不斷煎熬，不斷輾轉反側，求出無期。

　　所以，最根本的是知見，真正的修行開始先要破除凡夫的知見，從知見中解脫出來，「我」才能從身體解脫出來，找到「真我」。這就是「解脫知見」的道理。

　　那麼，凡夫的知見是什麼？在佛法裡指示凡夫的知見叫做「情有理無」，即情是有的，但是沒有真理。凡夫的知見——都是我認為、我以為，這叫「情有」；但是凡夫不掌握真理，於是就形成了凡夫的知見。眾生因有凡夫的知見，所以才是凡夫，這一點大家好好體會清楚。

　　那麼，什麼是聖人、智者、悟者？什麼是覺醒？即破除了凡夫知見的人稱為「聖人」，他不會以自己的感官、感知作為判斷事物對錯的標準，這就是聖人的知見，聖人的境界。

　　所以學佛法，首先要做到第一點：放下我認為

對的，放下我以為錯的，即「我覺得、我看見、我聽見、我通過推理判斷得出的如此這般」等，這些都是錯的。

　　聖人、佛和凡夫的不同之處：雖外形長得一樣的，但是彼此看待事物的角度，是否掌握宇宙運行的真諦，是不一樣的。所以凡夫俗子的解脫就一定要先從知見上解脫，破除了凡夫的知見，建立了覺悟者的知見，就叫做「悟者／覺醒者」。這道理看似簡單，但一般人又如何能做到呢？這就是佛法的可貴之處，佛法不只是道理講得清楚，更重要的是說明如何在生活中實地操練去實踐。如果只有理論沒有實踐，那都是虛的、偽的，不能稱為佛法。

　　真正的佛法一定是最能在生活中實踐。所以弄清楚上面的道理，解脫知見就超越了凡夫，就能達到阿羅漢的涅槃境界──即「解脫三界」。

　　所以，維摩詰給大眾講述了各個層次的凡人該如何修行佛法，解釋何為無量功德智慧，如何能得無量功德智慧，能破除血肉之軀的身體，能修成佛身，證悟到法身，必須從戒、定、慧、解脫，以及解脫知見開始起修。因為戒、定、慧，是三無漏學，這是最根本的；解脫及解脫知見，是說明境界，只要做到這些

最基本的點，才有可能昇華的阿羅漢果以及後面最圓
滿究竟的佛陀涅磐之果報。

第五節　脫離凡夫，解脫生死

「從慈悲喜捨生，從布施、持戒、忍辱、柔和、勤行精進、禪定、解脫、三昧、多聞、智慧諸波羅蜜生。從方便生，從六通生，從三明生。從三十七道品生。從止觀生，從十力、四無所畏、十八不共法生，從斷一切不善法、集一切善法生。從真實生，從不放逸生，從如是無量清淨法生如來身。諸仁者，欲得佛身，斷一切眾生病者，當發阿耨多羅三藐三菩提心。如是，長者維摩詰為諸問疾者如應說法，令無數千人皆發阿耨多羅三藐三菩提心。」

【從慈悲喜捨生，從布施、持戒、忍辱、柔和、勤行精進、禪定、解脫】從這裡開始，維摩詰詳細講述如何修習戒、定、慧三無漏學，應該從何處起修？即要轉變自己的心性，需要從「慈悲喜舍（同「捨」）」——四無量心起修。

其實「慈悲喜舍」是從《阿含經》（小乘經典）到諸大乘經典中都有反覆強調，表示這非常重要。不管是修大乘、小乘，還是密乘，都得修四無量心。「無量」即無限廣大，無限深遠。慈悲喜舍即大慈

大悲大喜大捨，各個修行法門有不同的修持方法，小乘有小乘的修法，大乘有大乘的修法。這裡講的是修四無量心，就是大慈大悲大喜大捨，也叫做「四梵住」——把心住在四種清淨無染的廣大無量上。

【慈】，梵文意思是「彌勒」，而著名的未來佛叫做彌勒（即大慈）。慈，從字義上是從朋友的「友」字演變過來的，更直接的意思是深刻地、親切地有情待人，慈憫眾生，即發自內心地給予眾生圓滿快樂和幸福。這是慈的含義。

【悲】，梵文原意是痛苦，引申意義——能感同身受地體察他人的痛苦，深切的同情、深切的憐憫，發願為眾生拔其痛苦。這是悲的含義。

【喜】，隨喜，隨喜是一種功德，是對眾生所做的善事。促其成，同時勸大家要做善事功德，也就是成人之美。

【捨】，簡單含義是施捨，捨棄。要捨棄怨親等分別及自己的財務生命，以捨來治貪，以捨來放下分

別，放下瞋恚；要舍煩惱，舍去悲歡離合的情緒，保持平靜空寂的心態。學佛，一定得舍。否則就會在六道中不斷輪迴，在欲界不斷地煎熬，就是因為癡迷其中而舍不下。

所以，慈悲喜舍四無量心，是修行戒定慧最根本的基礎。

在《大涅槃經》裡「大慈大悲大喜大舍」解釋為：大慈，即為諸眾生除無利益；大悲，即欲與眾生無量利樂；大喜，於諸眾生心生歡喜；大舍，自舍己樂施與他人。這是佛經上對「慈悲喜舍」的解釋。

因此真正的修行要從四無量心開始修心，然後修戒、定、慧三無漏學，破知見，達到阿羅漢解脫的涅槃境界。而一般普通人就是初地菩薩，要從慈悲喜舍生開始開始修起，然後再修三無漏學，如何修三無漏學？要從布施、持戒、忍辱、精進、禪定、智慧起修，這是六度（即是三無漏學），後面是從解脫和解脫知見去修，也就是回到上一節的「從無量功德到佛法解脫」。

【三昧】又稱為「三摩地／三摩提」，解釋為正定，這個「定」不是形式上的定，是一種無相定，是

把心能定於一處，不令散亂的修行方法。所以說要達到三昧，即達到定靜。

【多聞】指知識淵博，學佛不可以寡聞，尤其一般人要學佛，就要多聽、多看、多觀察，要讀萬卷書，行萬里路，同時要閱人無數。在世間修佛必須多聞：「佛法在世間，不離世間覺」。所以，多聞非常重要，知識要淵博。因此不能排斥世間一切的學問知識，也不能覺得世間的一切都是有形／有漏（註），就放棄有相、有形，或不學有漏的學問，這種方式是不對的，是偏激了。我們不能說修無相能達到大圓滿，就只學佛法的無漏學問。真正精通修習佛法且功夫深的人，沒有不通達世間學問的，一定是把世間的知識學問學得更好的。因為精通佛法無上智慧，在學世間的知識時，一定是學得更快，用得更準確，且有深度又有創新。

之前曾提到學佛很重要的就是「不離兩邊」，因此學上乘佛法——學禪不立文字，這裡「不立文字」並非不學習／不認字，而是要於文字而離文

＊註：漏，梵語，佛教術語，即煩惱、結縛，反義字為無漏。在佛教中，將慾漏，有漏，見漏，無明漏四者，合稱四漏。

字：我們要通達世間的知識學問，但是又要離——即不執著／不單純地只學習世間的知識／文憑，這才是「不立文字」。這樣才能知道世間的知識和學問背後更深的本質，這是以多聞為基礎的。很多人都拿六祖惠能來做例子，說他不識字，沒有文憑，也不是秀才或狀元，以此來說學佛可以什麼都不學，一句阿彌陀佛或者打坐入定就能修成佛，這是不可能的。現在學經文時，就能發現六祖惠能對《維摩詰經》的理解有多深刻，《六祖壇經》裡對《成唯識論》的解讀，多麼的精闢！《六祖壇經》裡彙集了大量世間學問，六祖對經典的解讀多麼深切精准透澈！我們就知道，如果說六祖惠能不通世間法，不通佛經佛典，那是絕對是世人自己的誤解。因為六祖一定是對《大涅槃經》、《華嚴經》、《金剛經》佛法三藏之經典都是通讀的。所以，不要被表面的「不立文字」所迷惑，儘量做到多聞，這也是大智慧的基礎，世間智也是大智慧的階梯，是獲得無上大智慧的鋪墊和準備。世間和出世間的智慧沒有高低貴賤之分，也沒有對錯之分。真正的「舍」意思是不要太執著一面，認為世間知識和智慧才是智慧，或者認為出世間的才是智慧，這兩種

片面的理解都是不對的，也並非學了佛法後就不學世間的智慧。

【智慧諸波羅蜜生】 波羅蜜，梵文直接音譯為「度」，是到彼岸的意思，即把眾生從生死此岸度到涅槃彼岸的方法。波羅蜜是方法，方法從何而來？這是從「慧」中來，有「慧」就能生出各種方便救度眾生的方法。

【從方便生】 十度菩薩道的後四度就有「方便」。我們不僅要隨順眾生，親近眾生，同時要學會各種方便法門。神通也是其中一種方便法，當下能給眾生拔其苦、成其美。我們不能空講理，我們還要有神通的方便法。走菩薩道即大乘菩薩道，特別講究運用方便法術來救度眾生，以此獲得眾生的信任，眾生才會真心跟隨我們走向成佛正道。

【從六通生】 六通，即六神通。有哪六神通？佛菩薩具備六種神通：天眼通、天耳通、神足通、他心通、宿命通、漏盡通。只有佛菩薩具足六大神通，外道眾生有神通嗎？修外道也能得神通，但是修外道最

大的神通只得五神通，他沒有「漏盡通」，漏盡通只有佛和菩薩才有，叫做「六通」。佛法不講神通，所以要清楚這裡的不講究神通——並非不讓大家具備神通，而是不讓大家以神通為主要目標去練神通。

佛法告訴我們，神通是我們本性具足的，是不需要練的。所有為了得到神通而修煉的都是外道，是不究竟的，是一種修邪修偏的表現，是一種貪心貪欲的表現，是一種自我炫耀，自以為是，或者說是一種向外求力量的所謂神通力，這是外道。

佛菩薩為什麼能修成六大神通？他不是為了修神通而修的，是為了真正找到真實的自我（即佛身的我，法身的我），不斷地清淨，當人的心真正清淨下來時，不被業障所障，不被外境所迷，不被內欲所牽引，這就是心清淨的境界，這時候各種大神通必會豁然現前。當神通現前時，何止六種神通，我們本性具足的都能顯現出來；不能呈現的只是被遮住，被擋住的狀態。這裡，是從佛的角度來告訴眾弟子，要修行佛法不要以神通為目的，修清淨心自然能得大神通，得了神通不可以炫耀，不可以控制，更不可以用神通強迫他人做事。所有得神通的目的是為了以「方便法」度化眾生。行大乘佛道，展現神通也是一種修行

的方法。

【從三明生】三明，佛法裡有三種：

第一種是「宿命明」，是指明了我及一切眾生過去世的境遇及狀態的智慧。佛和大菩薩見到任何眾生，馬上就知道他生生世世所造的諸善業以及惡業，他是如何過來的，及他的各種狀況，這就叫做宿命明。當知道過去世他所造的各種業，形成的各種因和緣，知道了因和緣起，就知道他現在的宿命是如何來的。

第二種是「天眼明」，從佛法角度來講，是指明了我及一切眾生未來世的生死歸去是種種狀態的智慧。即能預測未來，我的未來以及一切眾生的未來，生生死死都能預測──六道中如何變化，包括命運好壞、是否有不幸、起起伏伏等，都能看到，這叫做「天眼明」。

第三種是「漏盡明」，是指明了我及一切眾生現在世種種苦難，並證悟佛法斷除一切煩惱的智慧。即指知道現在世的喜／樂／苦是如何來的，不僅知道因──過去世我及眾生為何會有當下的苦難或當下的福報，是因為過去世因緣聚會的因；或者當下起修佛

法後，知道什麼時候能成佛，煩惱如何斷除；在修行佛法過程中，生生世世會碰到什麼，這就叫做「漏盡明」。

　　天眼明是對未來世的一種預測，即能完全明瞭。經常有佛給初地菩薩說他在多少劫以後將成佛，在哪個方位成佛，叫什麼名字，這些都知道，這個就叫做漏盡明。宿命明／天眼明／漏盡明，即三明，如果修成了佛的境界或者大乘菩薩境界，自然就會有三明的狀態。

　　【從三十七道品生】前面詳細的講解過，什麼是真正的修行？主要是講如何修心，如何修正我們的行為。從三十七道品來講，是屬於四聖諦的苦、集、道、滅的道諦，如何起心動念開始修，有人說要從打坐開始修，有的人說要從行善事積福開始修，有的人說要從念咒／念佛開始修，各種各樣的修行法門入手處都不同。其實，三十七道品在告訴我們，修行的最重要的不是形上修，最關鍵是收心，收心的第一位是知道把心安放在何處。

　　「三十七道品」的起修處就在四念處，四念處意思是隨時把心安在──身念處、受念處、心念處、法

念處，四個地方逐一安放。不管大乘、小乘或其他修行法門，真正修習佛法都得從三十七道品起修。四念處即四念住，修心是本體，如果心不能安，不知安在何處，只是修有形是沒有用的。所有打坐、念佛、念咒都是為了修四念處，都是為了把心更好地安住在這四個地方。我們一定要清楚「三十七道品」在修行路上的重要性，而「四念處」是所有的修行法門的起修處。

【從止觀生】止，即禪定，止是把心止在四念處。止，是修行的方法。四念處、四正勤、四神足（四種定境），有定自然生慧，這是一切的法門必經之路，只是各個法門用的方法不同而已。止，簡單地說即把心安在身受心法四處，因此能得四神足，「定」後自然就有智慧，智慧就叫做「觀」。

那麼，如何能把心給安在四念處？如果心都是浮躁的、狂妄的，心就無法安在一個地方，它會被外境牽走。當心被欲望牽引，當執著一個事情，當追求一個東西時，心跟著就走了。我們在現實中妄念一動，妄想一起，心就跟著就飛走了，心沒有一刻會安在身上。我們修心安在四念處，必須得按「戒定慧，

慈悲喜舍，布施、持戒、忍辱、柔和、精進、禪定、解脫、三昧、多聞」這些方法修。我們修持這些三無漏學及六度，十度都是為了安心；然後，三十七道品要從四念處開始修，這個就是修佛正確的方法，是修佛的起修處。前面講的「戒定慧三無漏學，包括四無量心，六度，十度」是為了心安住，更好地為修四念處打下基礎，如果沒有這些基礎（三無漏學，四無量心，六度或十度），心就無法安住。現實中，我們不是想把心安住就能安住的，要把心真正收住後，修止，得觀，這叫做「從止觀生」。

修止就是修三十七道品的四念處，然後得四神通、四神足，就能得到大智慧。《維摩詰經》裡講如何起修，以及一步步地修持講得非常清楚，對我們修行有非常好的指導意義。

這裡，為何有大乘和小乘之分？因為切入點各不相同，小乘是修自身，但修自身也是一個把心安在四念處的過程，小乘在修戒定慧三無漏學、四無量心、六度時，具體操作有不同，針對性有所不同：小乘是針對自己來修的，大乘針對的對象是眾生，他們得到的果也不一樣。小乘從自己出發，針對自己修最高的果是阿羅漢的涅槃，但是阿羅漢的涅槃境界只能破我

執，破不了法執。但是，如果起修處是按大乘佛法的要求（維摩詰是典型的大乘菩薩道修行法），既破我執又能破法執，我們就能得大乘菩薩道，能達到佛的究竟涅槃境界。這是小乘和大乘修行的區別。雖然針對性不同，但是一定都是按照相同的幾個階段來修的，缺一不可，離開這些就不是佛法的修行，就是外道。

所謂的小乘和大乘是修處不同，最後都歸到一個終點：就像阿羅漢要修到了阿羅漢的涅槃境界，破除我執後，再發大乘菩薩的心往上修，最後就能修成小乘到大乘的跨越；要是開始就修大乘，也得經過阿羅漢的涅槃境界，也得先破我執，然後破法執，最後達到佛的涅槃境界。小乘大乘最終是殊途同歸，只是緣起不同而已，有人跟小乘有緣，有人跟大乘有緣，有人跟密乘有緣，我們要清楚——真正的佛法無高低上下貴賤之別。在學佛法先要清楚這一點，這裡講的是修佛的方法手段。

【十力、四無所畏、十八不共法生】這是佛境界，即修成菩薩往上修成的境界。

【從斷一切不善法、集一切善法生】善法，即佛法之正道。我們真正的要修的是止惡揚善。善，一切正道佛法就是善，即遵循著佛的正道修行；惡，不遵循正法就是惡。這裡的「善惡」並非狹隘的解釋為好事壞事，好人壞人。

【從真實生】真如實相，我們的目標心願要見到真如實相，真正的法身要從此處找。我們不能以幻為真，不能以假為真，我們知道前面講凡夫的六種知見，五陰等法，五陰本身是虛，是妄想出來的。這裡所謂的三界／欲／因果全都在五陰中，在五陰中修的任何東西都是假、是幻、是虛的，這不是從真實生。要從真實生必須破五陰，破了五陰後，我們才能不執著於我的身，即「我執」。把我執破掉，後面再破法執，我們就能見到真如實性，真如實相。這是修行佛法的正路，這叫做「從真實生」。

【從不放逸生】放逸，即放縱欲望。我們修行佛法，既不能放縱欲望，也不能就圖安逸舒服，要勤修善法才能得到法身自在，才能見到真如的本性。

【從如是無量清淨法生如來身】這是一句概括，和前面第一句「從無量功德智慧生」的意思一樣：即有功德智慧，必得無量法身的清淨，可自見如來身。那麼，如何能讓自己的心往這個方向修成呢？一切的修行佛法的方法都在這裡，這叫做「共法」，即任何法門要修成圓滿的佛智慧，得圓滿的法身，必須都得從這裡開始修。

【諸仁者，欲得佛身，斷一切眾生病者，當發阿耨多羅三藐三菩提心】即告訴國王大臣、長者居士們，修成佛身後將斷一切病痛、煩惱、痛苦。前面一直在講述佛理，那麼該如何開始修呢？首先要先發願：「我要嚮往佛道，我要修成佛身」，發願是第一位，願即方向，有方向後，按照正確的方向行進，修成佛身只是時間的快慢問題。但是，方向不能錯，所以一定要發阿耨多羅三藐三菩提心，到達極樂是彼岸，我們求的是佛的無餘涅槃之境界。發願後，再按照上述所說的戒定慧解脫知見，三十七道品開始修。發大願／正願是放在第一位的。

【如是，長者維摩詰為諸問病者如應說法，令無數

千人皆發阿耨多羅三藐三菩提心】在這裡，維摩詰給各個層次的大眾來講解佛法的好處，簡單扼要明瞭，令無數千人皆發阿耨多羅三藐三菩提心，一下子就成初地菩薩。

　　以上，是第二品方便品的內容，維摩詰主要想告訴各個階層的眾生，修佛法第一步要先發願。大眾在這裡發願要成就佛道，要自證法身，維摩詰的目的就達到了。等到「第三品」，就是針對佛弟子在講修行，具體如何修，指導他們向上修行。再後面，針對大乘菩薩成佛應該如何修，是這樣一步步來的。

　　這一品針對的是還沒有起心動念，還不知道修行是什麼的凡夫眾生說的，等到後面修到一定程度，真正想修的時候，他再指導如何具體起修。這一點要弄清楚。《維摩詰經》這一品的意義就在於讓大家發心，脫離凡夫，解脫生死。

後記

佛法裡的解脫及解脫知見

佛法裡說真正的解脫有兩種，遠超過天界：第一種解脫是「阿羅漢解脫」；第二種解脫是「正等正覺佛陀的解脫」，這又各自代表什麼呢？

佛法第一層解脫是要破除二元論

　　佛法第一層解脫——中道：中道即不落兩邊，修佛法就是修一切不落入兩個極端，首先要破除的二元論。二元論，即世界本身是二元的。一切是由陰陽和合而成，陰陽消長轉化而成，它符合陰陽的定律，這就是二元對稱、對立、消長、轉化定律。所以，真正想要破除「跳出三界外，不在五行中」，最基本的理論就是破除二元論，不破二元即永遠在輪迴中。要真正的解脫，要從二元論中解脫出來，從二元世界裡解脫出來。其實現實世界是由高維空間所建構的世界。整個宇宙是由高維空間組成的，所以破除低維空間才能進入到高維空間，與其融合到一起就是「一」的境界。佛法的一切都是從此來。

　　佛法的修行的方法：佛法不主張苦行修行，也不主張放縱欲望，這個就是破二元，需要自己找中間的平衡點，這即是「中道」，不落二邊。要記住——佛法是不二法門，永遠不走極端。例如：在修行的過程中，既反對斷滅，又反對常有。斷滅和常有就是二邊。佛肉身沒了，那麼佛是有還是沒有？他摸不著看不見，不存在任何空間，不生不滅。那麼，佛到底是

什麼，涅槃的境界到底是什麼？找到中間這個點，就能找到佛的境界。如果在兩個極端找，就是找錯了方向，不可能成佛。那麼，要依中道來修行，佛法就是守住中道，道法就是找到太極圖中間那個點，眾生向著那個「中」無限接近。佛法和道法其實是一回事，大家都明白其中的道理，但是如何能真正做到呢？整個佛法／道法的修行這裡都有講述。

佛法中想要修成中道，就必須如排階梯般一步步修行，當找到了這個點，修成中道，就是解脫，即能從三界解脫不入輪迴，能達到了阿羅漢的解脫境界，然後再往上修，就能達到佛陀的解脫境界。

佛法的修行方法非常明確：從四聖諦開始起修，然後是十二因緣、三無漏學、八正道，這是修行佛法的正路。眾生透過具體的手段（禪定、念佛、積功累德、做善事）逐步清除凡夫俗子的業——業是導致眾生輪迴不斷的根本之因。因此要清除往昔所造之惡業，同時清除往昔所造之善業，以此而得淨業。通過不斷清除惡業／善業，斷掉從業中而來的執著和妄想。有因必有果，因果是從何而來？其根本在於眾生心中有分別：有好有壞、有對有錯、有應該有不應該、有美有醜、有黑有白，因為心中有了分別就有了

判斷，會取美、善、好、對的，會捨去相對的惡，因此在取捨的過程中，造就了諸多的惡業，所以要通過以上的種種對治方法（四聖諦法、十二因緣、八正道、三無漏學）斷了眾生的業，業斷了，我心就能做到分別不起，不執著，不妄想。執著和妄想又是煩惱與痛苦之根，當斷了執著和妄想，便沒有煩惱，這是第一層的解脫。

佛法最高層解脫是達到涅槃境界

煩惱有很多的種類，簡單分「五上分結／五下分結」，意思是最粗俗的煩惱。

「五上分結」即有五類大的煩惱：

第一類是掉舉結；

第二類是色界貪結，就是色界的貪欲；

第三類是無色界貪結，無色界也有貪；

第四類是我慢結；

第五類是無明結。

五上分結是欲界以上的煩惱。

欲界以內即普通人的煩惱，由於人到現在都沒有脫離欲界，稱為「五下分結」。五下分結也有五種煩惱，分五類：

第一類是疑結，即欲界眾生對佛法必有質疑；

第二類是邊見結，即看待事物極端，偏執；

第三類是戒禁取見結；

第四類是欲貪結，欲望以貪欲為最大；

第五類是瞋恚結，人有憤怒，使得情緒控制不住。

這就是欲界眾生的五大煩惱。

所以欲界眾生通過四聖諦、十二因緣、八正道來學習佛法，首先要對照自身的五下分結，即欲界眾生的五大類煩惱能否一點點破除。並由此來檢驗眾生是否走在修行佛法的正路上？

如果修行了幾十年，對佛法還有質疑，信心建立不起來，那麼一定是沒走到正道上；或者看問題還是很極端、很偏執，還是嫉惡如仇、好壞分明、黑白分明，那麼這樣修佛法一定不對；又或者還很是迷信，還在貪戀一句佛號或是一個咒語，供一尊神就能解脫，這樣的做法也沒走上正道；再或者各種欲望還是很強烈，脾氣還很大，瞋恨心還很重，情緒無法控制，這些根本沒有平息下來，這都說明沒有走對修行正道。

要知道凡人一切煩惱從此而來，因此要時刻對照

自己五下分結是否有破除，以此來檢視自己是否走在正道上。

修佛法不是修打坐入定即能預知未來的那個佛法，這個不是修佛法的正途。其實，這裡簡單用幾句話就可以把佛法的整個框架講清楚——修佛法就是為了解脫三界生死六道輪迴之苦，達到涅槃境界。為什麼要解脫六道輪迴？因為六道輪迴是在三界中，三界是苦，跳出三界外，不在五行中，才是真正的昇華和圓滿，真正的恆久常樂。

涅槃有兩種涅槃：阿羅漢的涅槃，也就是解脫，阿羅漢的解脫即阿羅漢的涅槃，他是斷除了我執，但是未斷法執，只是斷除了我執就達到阿羅漢果位（也是聖果）。那麼，如何能達到佛陀的涅槃境界呢？要達到佛陀的果位，即正等正覺的究竟涅槃佛陀果位，也稱為「佛陀的涅槃」，他不僅斷了我執，還斷除了法執，他就達到了佛陀的涅槃。

佛教修行的方法——漸修與頓悟

在佛教的修行方法分兩種：一種是漸修，一種是頓悟。

漸修： 按照四聖諦、三無漏學、十二因緣、八正道這些方法一步一步地修行。

　　頓悟： 頓教，也稱「圓教」，即通過明心見性，達到即身成佛。

　　雖說有漸修與頓悟兩種修行方法，但其實是一回事，所謂的明心見性，可不是一聞經語即大徹大悟，任何的頓悟都是有基礎的，這是生生世世以來漸修的結果，必須修行四聖諦、三無漏學、八正道、十二因緣。如果不修這些，只修禪定瑜伽，念佛念咒，只能積點福德後往生天界，這是前面所說的外道解脫，連阿羅漢果都修不成。要想真正修成佛法的最高境界——最究竟涅槃，必須得按照佛法的修行方法一步一步深入，這個過程是必須的。任何人想修行佛法，離不開「信、解、行、證」四個階段：先信，然後解悟、行悟、證悟，這四個階段都修成，最後才能到大徹大悟的境界。佛法講的可不是空理，現在有很多人學《金剛經》、《心經》或者《六祖壇經》，都覺得佛法太簡單了，每個人都覺得自己是上根之人，聽聞「一不思善不思惡」，覺得自己一下子就明白了，悟了，成佛了，然後四處講課，這是害人害己阿！

　　歷史上大徹大悟者，沒有任何人能不修四聖諦、

十二因緣、三無漏學、八正道，也沒有任何人能離開信解行證這些階段，最後能證悟的。包括六祖惠能，他不識字，但是他屬於大乘菩薩乘願再來，生生世世都在修四聖諦、八正道、十二因緣、三十七道品。六祖只是在這一輩子化身不識字，就像維摩詰一樣各種化身，他以身不識字，又是社會最底層，他以此身化現教化眾生，是想告訴大家，不是只有熟讀經典者才能成佛證悟，不是只有社會最頂層才能證悟。他要告訴大家沒有文化、不識字的，也一樣能成佛，與文字無關，這是「不立文字」。

成佛講究的是「以心印心」，成佛和世間的身分地位的高低貴賤沒有關係，但是，不能以此認為佛法修起來就簡單，尤其對「即身成佛」不要用我自以為的簡單來理解，而是要打破對解脫理解上的錯知錯見。

學佛是最尊貴的、最難的事，歷史上只有最有智慧的人來學佛法，終其一生都還學不明白，要想達到這麼高的境界真的很難。所以，學佛一定要放下這種輕視之心、我慢之心，不要覺得自己了不得，自以為是，必須以謙卑的心態，腳踏實地從四聖諦開始起修，修三無漏學、八正道，通十二因緣，通達整個事

物發展的規律，一步步地在針對自己的邊見，破除自己的疑結，然後一步一步地修，才能脫離欲界到色界，色界到無色界，最後才能超出三界。

這裡，修行的每一步都必不可少的，不管修任何方法，任何法門，成佛的五十二個階段都是必經的，必須得從最基礎處腳踏實地起修，不管生生世世以前修到哪個階段，多高的境界，這一生想要修習佛法，得到解脫，就得從最基礎的一步步起修。這一點大家必須清晰。

「解脫知見」是眾生解脫第一步

在前文，我們也有提到「解脫知見」，指示眾生若真正要解脫，第一步要先解脫自己的知見，才能從凡夫中解脫。

其實佛經上說明凡夫的知見有十六種，這出自《大智度論》：

【未見正道之人，於五陰等法中，強立主宰，妄計有我、我所，計我之心，曆於諸緣，即有十六知見之別也。】

以下簡單說明：

「未見正道之人」即凡夫；「五陰」即色陰、受

陰、想陰、行陰、識陰，「陰」即是虛無的不存在的幻象。

色陰——我的血肉之軀，即我能聽見，能看見，還能摸到的。

受陰——我還有感受。

想陰——我還有思想，能思考，有意識，能對事情做決定。

行陰——我還能有各種行為行動，我能做事。

識陰——對我能有所認知。

「妄計有我、我所」是指妄想而來的我，以及我周圍的外部環境，這是凡夫最基本的錯見。「曆於諸緣」是指經歷諸多緣起，即眾人把事物的緣起緣落當真了。例如：我現在住在一個豪華住宅裡，我把它當真了，豪宅我如何得到的——我花錢買的／我如何掙的錢，都是「我和我所」，我的一切的作為（色、受、想、行、識）形成我買了一個豪宅，然後我在裡面享受，這個就是「曆於諸緣」。當我都把這一切當真了，以此形成的十六種凡夫知見。如果這個凡夫知見破不了，就永遠無法成聖，永遠解脫不了。

凡夫的十六種知見及如何破除

下面，大概描述一下十六種知見，一一對應現實，看看是否破除。

第一種是「我」：就像剛才說的是在五陰法中，無明不了，不知道真相，不究竟。妄計有我、我所之實——故名為「我」。前面提及我存在的，我有色相，我有感受，我有想法，我有行動，我有感知，這些被認為是「我」，這就是第一個凡夫的知見。

第二種是「眾生」：眾生即在五陰等法中，「妄計眾共而生」——故名「眾生」。我在妄想中認為大家因為有因緣、業力形成了一種共業，於是大家生在了一個世界裡，這叫「眾生」。這種知見不究竟，這也是凡夫的知見，五陰（即色陰、受陰、想陰、行陰、識陰）都是假象。這時，可能有人有疑問：為什麼佛理上經常會提到眾生？這是因為我們有共業，所以會存在同一空間中。要清楚，這種說法只是一種權宜之說，眾生生活在一個世界中，他的所見所聞所感受彷彿是相同的，這是一種幻相，不是真實的。但是這種權宜之計的說法意思是這樣解釋很容易能解答眾生的疑惑，能讓他當下明白。因為如果再往下解釋太深

奧，會讓人聽不明白了，所以才會用「眾生」來暫且解釋，但是要清楚這種知見本身不究竟，這種知見是要破的。

第三種是「壽者」：在五陰等法中，因為在妄想中以為有一個「我」，「受一期果報，命有長短」——故名「壽者」。因為有個「我」，有我的出生、我的成長發育、我的壯大、我的衰老、我的死亡，這些都是「我認為」我一生的命運，好與不好是因為上輩子的善業惡業積的因，導致這輩子的果，「我認為」這個生命是有長有短的，實際真相並非如此，這就是第三種壽者。

第四種是「命者」：在五陰等法中，「妄計有我，命根成就，連持不斷」——故名「命者」。「我認為」有了「我」以後，我的身體消亡了以後一期命中，隨著我的業報，後面還會生成一個有形的生命體，然後我再去感知這個世界，感受這個世界，我的生命是連續不斷的，這個就叫做「命者」。命根成就，這些都是假象，這是凡夫的知見，這些都不究竟。

但是，或許有人會問：這些知見不是佛說過的嗎？要知道這些說法只是權宜之計，因為佛要先讓眾

人相信，才能一步一步來，然後再一步一步破。如果佛不採用這些說法，眾生連基本的認知都不知道，即立不起來，拿什麼來破？於是眾生就更是渾渾噩噩了。所以，知見也是一步一步建立，然後再一步一步破掉，這叫做「不立不破」，這個非常重要，我們必須清楚的。

第五個是「生者」：所有知見都是在五陰等法中（這是個前提），因為五陰本身就是虛／無，它是妄想出來的，在五陰中生出的一切都是妄想，我們要破的是什麼？破五陰！這才能解脫知見。因為在五陰中，認同五陰為實／為真有，我認為眾生是真的存在，壽命是真的存在，命運是真的存在。妄計我能生起眾事，及計我來人中受生——故名「生者」。其實就是我覺得我發起了各種事情，例如我學習、我考上大學了、我工作了後這個專案是我提出來的、我結婚了、我生了孩子、我組建了個家庭等等，這些都叫做「妄計我能生起眾事，及計我來人中受生」——我認為是我的業力、我的想法使我生成了人，這都屬於生者。但這些世間的成就及知見都是凡夫的知見，而不是聖人的知見，要弄清楚。

第六種是「養育」：在五陰等法中，「妄計我能

養育他人，及計我從生已來，為父母養育」——故名
「養育」。我認為我養了子孫、我養了孩子、我養了
我公司的員工、我養活著天下的子民。我認為我是父
母把我養大的，難道這不是實實在在的嗎？父母給我
吃給我穿，然後一步步地培養我養育我——這些都是
假象，這都是在「妄計有我」的前提下，在五陰中，
所有的「我認為」都不是一定是真的，眼睛所見的，
耳朵所聞的，身體所感受的不一定就是實相。這裡肯
定有人想不明白——父母養育了我們，這難道是假的
嗎？記住，父母不可能不養你，你也不可能不養你的
子女，但必須得破了五陰法，破了我執（破十六知見
根本上破的是我執），以及破掉了凡夫的十六知見，
才能達到阿羅漢解脫的境界，即阿羅漢涅槃。

　　第七種是「眾數」：謂於五陰等法中，「妄計我
有五陰十二入、十八界等眾法有數」——故名「眾
數」。世間的五陰、六入、六根、六境、六識、陰陽
五行、八卦九宮，這些「數」都是有規律性的，但這
不是實相。為什麼所有在五陰中，包括現實中所有的
物理規則都不是真的？這也是凡夫的十六知見其中之
一，不破掉這個永遠不可能解脫。要是覺得物理規則
是真實存在的，就永遠都不可能從欲界昇華出去。

到這裡為止，試想一下——自己對以上所說的七個知見，是否已經根深蒂固？是否心中就是這樣認為的？所以我們是凡夫，修了幾十年還是修不出去，為什麼？因為我們所作所為就是凡夫的知見，就是凡夫。當我們有聖人的知見時，當有阿羅漢的知見時，我們就能修出去了，這就叫做「解脫知見」。

第八種是「人」：謂於五陰等法中，「妄計我是修行人，異於不能之人，及計我生人道，異於餘道」——故名為「人」。這是經典裡的語言，意思總覺得我與眾不同，異於別人，我有我的特質、秉性、性格，我是獨一無二的，這就是「人」。還有，我生在人道，狗是畜生道，還有地獄道、餓鬼道、阿修羅道、天人道，因此我覺得我是人道和其他的道是不同的，這個就是凡夫的知見，是錯知錯見。如果破不了這個知見，永遠都不可能修成阿羅漢果。

第九種是「作者」：謂於五陰等法中，「妄計我有身力手足，能有所作」——故名「作者」。意思是我事事都是親力親為，我在做事、我有力量、我有手腳、我能走路、我能寫字、我能思考，所有的有所作為，我認為都是我的身體在做，這個是一種知見。其實，當把身體否定時，我做的一切都是幻象，都不是

真實的東西，都是我以為我在做，都是「我以為」這個知見破除不了，那麼永遠不可能達到阿羅漢境界。我以為我在修行、我以為我在打坐、我以為我在畫符念咒、我以為我在念佛，如果這個「我以為我在做」的知見破不了，那麼永遠都是凡夫。因為，佛沒有在念佛，佛沒有在打坐，阿羅漢沒有在做任何事情，只有凡夫才會認為自己在做什麼，這個就是作者。

　　第十個是「使作者」：謂於五陰等法中，「妄計我能役使於他」——故名「使作者」。我總覺得我能左右別人，我能讓別人做事情，有誰能為我所用以此來成就我，這都是一種錯覺，這都是凡夫知見的其中一種。例如：我給他人提了要求，他就根據我的要求做了，我就滿意了，這就叫做「使作者」，這個知見也得破除。所以，在阿羅漢境界或者佛陀境界，他能看通透——我是誰？眾生是誰？當真正知道我是誰了，我們就知道這些所謂的知見都是我與眾生之間的關係——我做了什麼？我在為眾生做什麼？眾生為我做了什麼事？這就叫「使作者」。作者與使作者即我與眾生之間的關係。那麼，當「我」不存在時，眾生還存在嗎？當眾生也不存在，「我」也不存在，還存在什麼？這個「作者與使作者」的知見，當然也要破

掉。

第十一是「起者」：謂於五陰等法中，「妄計我能起造後世罪福之業」——故名「起者」。是指我覺得我在造業，我起了業因：如果我當下做好事／善事幫助別人，大公無私，勇於奉獻，這樣我就造了善因，我的後世就得福報；如果現在我有瞋恨心、嫉妒心、傷人損人利己，這造就惡業，後世就得受到惡報，這就是叫「起者」。這都是凡夫的知見之一。

第十二種是「使起者」：謂於五陰等法中，「妄計我能令他起後世罪福之業」——故名「使起者」。意思是我導致了別人造了善業或者惡業，業因我而起。例如：在戀愛中，男朋友特別愛我，然而有一個壞男人欺負我，我男朋友為了維護我，一氣之下把他殺掉，那麼，我認為這事情是因我而起，我認為男朋友會因為我起的因會有惡報。但這些都是我認為的，我認為這事因我而引起的，這也得破掉——因為沒有誰是為我在做什麼。現實中，我們會認為——我看到的、聽到的、感受到的都是真的，但是整個現實是五陰，都是假的，哪有真的？如果不把這個破掉，怎麼能得阿羅漢果呢？沒有一個阿羅漢打坐時會突然想起：我造了什麼因？受什麼果？別人因我而墜入地

獄？如果阿羅漢起心動念有「我以為／我認為」，他馬上就得從阿羅漢境界落入輪迴，他根本到不了阿羅漢的境界。所以修行者一定要清楚這一點。

第十三種是「受者」：謂於五陰等法中，「妄計我之後身，當受罪福果報」——故名「受者」。意思是我覺得我現在所造善惡，會導致我後世輪迴到六道，在六道裡是享福還是遭罪，這是我現在所造一切的結果；而我現在的遭罪、享福，這是我生生世世造的善人、惡人決定的，這就是受者。我造的因我來承受，是這個意思，這也是凡夫的知見。

第十四種是「使受者」：謂於五陰等法中，「妄計我當令他受諸苦樂果報」——故名「使受者」。就像上面舉例，我男朋友為了保護我而殺的人，這是起因／起使者。我又認為他因為我而殺人，是在造惡業，所以他後世就得承擔惡果，這個惡的果報是因我而來的，就叫做「使受者」。這只是我認為的真實存在，這也是凡夫知見。

第十五種是「知者」：謂於五陰等法中，「妄計我有五根，能知五塵」——故名「知者」。意思是我們覺得我有眼睛能看見世界，耳朵能聽到世界的聲音，我鼻子能嗅，有舌頭能嘗味道，有身體能觸摸，我認

為我看得很清楚，我聽得很明白，我看到的都是真相，我聽到的都是真的，這個是一種錯知見，這是凡夫的知見，這叫做「知者」。五根就是眼、耳、鼻、舌、身，能感受外面的五塵——色聲、香、味、觸。我以為我明明白白地知道感受到，甜的就是甜的，香的就是香的，我以此為真。

第十六種是「見者」：謂於五陰等法中，「妄計我有眼根，能見一切色相，又計我能起諸邪見、正見、——故名「見者」。見者不是說我的眼睛能看見，而是我覺得我能升起正見破邪見，這個「我覺得」才是見者。簡單來說，就是能做到「眼見不見得為憑」，依自己的所學來判斷什麼是邪見？什麼又是正見？例如：在這凡夫的十六知見，我們認為我要破除凡夫的十六邪見，要樹立起正知見，這個就叫做「見者」，就是凡夫的知見。但這個也很容易落入「我覺得」的陷阱，所以要破除。

達到最圓滿究竟的佛陀涅槃

以上，就是凡夫的十六知見。其實，修行路上不管修什麼，如果不知道十六種知見，不能一一地破除，就只能在六道輪迴裡反反復復輪回受苦。但或許

有人會問：為什麼佛法中還要列出來這十六知見呢？
其實這也是權宜之計。

　　因為佛經有千經萬論，但這都是不究竟的權宜之
計，而不究竟即「方便法」。所有的成佛五十二個階
梯（即階段）都是不究竟的，只是「方便法」，但是
離開了這些不究竟，也得不到那個究竟。

　　這也是為什麼維摩詰要用這個方便法門，帶領眾
生先從戒、定、慧、解脫以及解脫知見開始起修，只
要做到這些修行最基本的要點，才有可能昇華到圓滿
究竟的佛陀涅槃之果報。

作者／范明公
主編／明心
出版贊助／徐麗珍
文字及執行編輯／李寶怡
封面及版型設計／廖又頤
美術編輯／廖又頤
企畫選書人／賈俊國

總編輯／賈俊國
副總編輯／蘇士尹
編輯／高懿萩
行銷企畫／張莉滎、蕭羽猜、黃欣

發　行　人／何飛鵬
法 律 顧 問／元禾法律事務所王子文律師
出　　　版／布克文化出版事業部
　　　　　　台北市中山區民生東路二段 141 號 8 樓
　　　　　　電話:(02)2500-7008　傳真:(02)2502-7676
　　　　　　Email:sbooker.service@cite.com.tw
發　　　行／英屬蓋曼群島商家庭傳媒股份有限公司城邦分公司
　　　　　　台北市中山區民生東路二段 141 號 2 樓
　　　　　　書虫客服服務專線:(02)2500-7718;2500-7719
　　　　　　24 小時傳真專線:(02)2500-1990;2500-1991
　　　　　　劃撥帳號:19863813;戶名:書虫股份有限公司
　　　　　　讀者服務信箱:service@readingclub.com.tw
香港發行所／　城邦(香港)出版集團有限公司
　　　　　　香港灣仔駱克道 193 號東超商業中心 1 樓
　　　　　　電話:+852-2508-6231　　傳真:+852-2578-9337
　　　　　　Email:hkcite@biznetvigator.com
馬新發行所／　城邦(馬新)出版集團 Cité (M) Sdn. Bhd.
　　　　　　41, Jalan Radin Anum, Bandar Baru Sri Petaling,
　　　　　　57000 Kuala Lumpur, Malaysia
　　　　　　電話:+603- 9057-8822　　傳真:+603- 9057-6622
　　　　　　Email: cite@cite.com.my
印　　　刷／韋懋實業有限公司
初　　　版／2021 年 6 月
定　　　價／新台幣 300 元
ISBN ／ 978-986-5568-93-1
EISBN ／ 978-986-5568-98-6（EPUB）